Sylt
Wissensquiz

100 Quizfragen über Sylt

Rätsel- und Ratespiel

GRÜBEL GOLD

Kontaktadresse nach EU-Produktsicherheitsverordnung:
info@bookmundo.com

Bookmundo
Delftsestraat 33
3013AE Rotterdam

Gedruckt in Deutschland - FSC-zertifiziertes Papier aus nachhaltig bewirtschafteten Wäldern. **Der Umwelt zuliebe.**

Willkommen bei deinem Wissensquiz zum Thema Sylt!

Wie funktioniert dieses Quiz?

Dein Quizbuch ist ganz einfach strukturiert: Vorne findest du alle Fragen nacheinander. Jede Frage bietet dir vier mögliche Antworten zur Auswahl. Im hinteren Teil des Buches warten dann alle Lösungen auf dich, komplett mit spannenden Hintergrundinfos.

Spielanleitung für Solo-Rätsler:

1. **FRAGE LESEN** – Such dir eine beliebige Frage aus dem vorderen Teil

2. **NACHDENKEN** – Wäge die vier Optionen ab und triff deine Wahl

3. **NOTIEREN** – Markiere deine Antwort (oder merk sie dir)

4. **NACHSCHLAGEN** – Blättere zum Lösungsteil hinten im Buch nach Frage 100.

5. **LERNEN** – Lies die Erklärung – hier erfährst du das "Warum"

Als geselliges Ratespiel für mehrere Personen:

Eine Person übernimmt die Rolle des Quizmeisters und hat das Buch in der Hand.

Der Ablauf:

- Quizmeister stellt eine Frage und nennt die vier Möglichkeiten
- Alle Mitspieler schreiben ihre Antwort heimlich auf einen Zettel
- Auf Kommando decken alle ihre Tipps gleichzeitig auf
- Bei unterschiedlichen Meinungen darf kurz debattiert werden
- Der Quizmeister verrät die korrekte Lösung aus dem Lösungsteil
- Gemeinsam die Hintergrundinfo dazu anhören
- Nächste Frage!

Punktevergabe (falls gewünscht):

- Richtige Antwort beim ersten Versuch = 3 Punkte
- Richtige Antwort nach Gruppendiskussion = 1 Punkt
- Falsche Antwort = 0 Punkte

Team-Modus: Bildet zwei oder mehr Mannschaften. Jedes Team bespricht sich intern und gibt eine gemeinsame Antwort ab. Das Team mit den meisten Punkten am Ende triumphiert!

Auf geht's – 100 spannende Fragen erwarten dich!

1.) Welcher Sylter Aussichtspunkt liegt auf der höchsten natürlichen Erhebung der Insel?

☐ A: Die Himmelsleiter in Westerland, die als erhöhter Strandübergang über den Dünengürtel an die offene Westküste führt.

☐ B: Die Uwe-Düne bei Kampen, deren Aussichtsplattform über eine Holztreppe aus der umgebenden Dünenlandschaft erreicht wird.

☐ C: Der Kliffrand zwischen Wenningstedt und Kampen, dessen Wege oberhalb der rötlich gefärbten Steilküste verlaufen.

☐ D: Eine Aussichtsdüne beim Lister Weststrand, von der aus sich der Ellenbogen und die Bucht Königshafen überblicken lassen.

2.) Was stellt Martin Wolkes Figurengruppe auf dem Westerländer Bahnhofsvorplatz dar?

☐ A: Die Angehörigen eines Küstenhaushalts, die beim gemeinsamen Tragen eines schweren Möbelstücks auf dem Bahnsteig gegeneinander versetzt stehen.

☐ B: Eine anreisende Familie, deren Körper und Köpfe im kräftigen Inselwind ungewöhnlich verdreht und aus dem Gleichgewicht erscheinen.

☐ C: Eine Gruppe musizierender Feriengäste, bei der die überzeichneten Körperhaltungen das Zusammenspiel verschiedener Instrumente im Freien sichtbar machen.

☐ D: Mehrere Badende beim gemeinsamen Sprung durch eine Brandungswelle, deren Bewegungen in unterschiedlich großen Körpern festgehalten werden.

3.) Wie ist der traditionelle Sylter Jöölboom aufgebaut?

☐ A: Mehrere übereinander angeordnete Holzscheiben tragen geschnitzte Tiere und drehen sich durch aufsteigende Warmluft um eine mittlere Achse.

☐ B: Ein hoher, aus Weiden geflochtener Korb umschließt eine Kerze und wird außen mit getrockneten Früchten und Papierblüten geschmückt.

☐ C: Ein kleines Holzgestell trägt einen grünen Kranz und figürlichen Schmuck, traditionell aus Salzteig, als Alternative zum gewachsenen Weihnachtsbaum.

☐ D: Ein waagerecht aufgehängter Reisigkranz trägt kleine Schiffchen und wird über dem Esstisch mit einer einzelnen Laterne beleuchtet.

4.) Worauf verweist der Name des Naturschutzgebiets Nielönn nördlich von Kampen?

☐ A: Gemeint ist eine neue Dünenreihe, die sich nach einem großen Sanddurchbruch über älteren Ackerflächen aufgebaut hat.

☐ B: Er bedeutet Neuland und erinnert daran, dass dieses Vorland erst während der menschlichen Besiedlungszeit der Insel entstand.

☐ C: Der Name bezeichnet eine tiefe Niederung und beschreibt ein früheres Seebecken, das später vom Meer abgeschnitten wurde.

☐ D: Die Bezeichnung geht auf eine ehemalige Hofstelle zurück, deren Flurname auf das benachbarte Küstengebiet übertragen wurde.

5.) Warum führt man die Sylter Wanderschafherde abends von den Heideflächen in einen Pferch?

☐ A: Ein Teil der aufgenommenen Nährstoffe wird dadurch außerhalb der Heide ausgeschieden, was deren nährstoffarme Böden erhält.

☐ B: Die Tiere sollen über Nacht zusätzliche Nährstoffe aufnehmen, damit sie tagsüber mit ihren Ausscheidungen die Heide gezielt düngen.

☐ C: Die Fresspausen sollen das Weideverhalten so steuern, dass die Tiere am nächsten Tag vor allem verholzte Heidebüsche zurückschneiden.

☐ D: Der Wechsel zwischen Heide und Nachtweide soll die Verdauung verbessern und dadurch vor allem die Wollqualität der Herde erhöhen.

6.) Welche Rebsorte liefert die Trauben für den Keitumer Weißwein Sölviin?

☐ A: Müller-Thurgau kommt zum Einsatz, eine früh reifende Weißweinsorte, die auch in vielen anderen nördlichen Anbaugebieten wächst.

☐ B: Für den Wein verwendet man Weißburgunder und verarbeitet seine hellen Trauben zu einem sortenreinen Sylter Weißwein.

☐ C: Die weiße Sorte Solaris wird dort angebaut und bildet die Grundlage für den Wein aus Keitum.

☐ D: Riesling bildet die Grundlage; der Wein wird aus den kleinen goldgelben Beeren dieser traditionsreichen Sorte gekeltert.

7.) Welchen Anteil hatte Christian Peter Hansen an der Überlieferung des Sylter Biikebrauchs?

☐ A: Er führte den Brauch auf Erntefeuer zurück, mit denen Bauern nach dem Dreschen ihre gemeinsame Feldarbeit beendeten.

☐ B: Seine Aufzeichnungen beschrieben die Feuer als Orientierungshilfen, die heimkehrenden Schiffen bei Dunkelheit den Weg zu den Inselhäfen wiesen.

☐ C: Er prägte um 1830 die Überlieferung eines gemeinschaftlichen Abschiedsfeuers für die Seefahrer vor dem Beginn ihrer Fangreisen.

☐ D: Hansen wertete mittelalterliche Kirchenrechnungen als Beleg dafür aus, dass die Feuer bei der Segnung neuer Fischernetze entzündet wurden.

8.) Woher stammt das Grundwasser, aus dem Sylt sein Trinkwasser gewinnt?

☐ A: In versenkten Küstenbrunnen wird Meerwasser gesammelt, dessen Salz beim Durchströmen der Sandschichten zurückbleibt.

☐ B: Versickernder Niederschlag erneuert ein Süßwasservorkommen im Inselkern, aus dem Brunnen das Rohwasser zur Aufbereitung fördern.

☐ C: Das Rantumbecken liefert Oberflächenwasser, das nach dem Durchlaufen mehrerer Bodenfilter als Grundwasser zu den Brunnen gelangt.

☐ D: Unterirdische Zuflüsse vom Festland speisen einen tiefen Süßwasserstrom, der entlang des Bahndamms bis in die Inselmitte reicht.

9.) Woran lässt sich bei St. Severin in Keitum der spätere Turmanbau erkennen?

☐ A: Die ältere Kirche besteht aus einheitlichem Backstein, während der Turm als unverputzter Granitbau hinzugefügt wurde.

☐ B: Ein vollständig hölzerner Glockenturm schließt an das steinerne Schiff an und ruht auf separaten Fundamenten.

☐ C: Der Turm zeigt eine barocke Zwiebelhaube, die über dem niedrigen romanischen Dachstuhl der Kirche aufragt.

☐ D: Der backsteinerne spätgotische Turm unterscheidet sich von den älteren romanischen Bauteilen mit ihren verschiedenen Natursteinen.

10.) Wie halfen Sylter Naturschützer Zwergseeschwalben während der sommerlichen Überflutungen 2024 unmittelbar bei ihren Gelegen?

☐ A: Elektrozäune um die Brutflächen hielten Füchse von den Nestern fern und ermöglichten den Altvögeln eine ungestörte Nahrungssuche.

☐ B: Mit Sand gefüllte Kisten dienten am überfluteten Strand als erhöhte Rettungsinseln für die Eier und Küken.

☐ C: Man setzte bemalte Vogelattrappen auf höher gelegene Strandflächen und spielte dort die Geräusche einer brütenden Seeschwalbenkolonie ab.

☐ D: Abgesperrte Strandabschnitte lenkten Spaziergänger und Hunde um die Kolonie herum, während Beobachter das Brutgeschehen von außen erfassten.

11.) Welche Verbindung besteht zwischen St. Niels in Westerland und der früheren Eidumer Kirche?

☐ A: Das Gebäude war ursprünglich ein Lagerhaus für geborgene Kirchenschätze und erhielt erst später seine heutige Nutzung als Dorfkirche.

☐ B: Die Westerländer Kirche entstand als vergrößerte Ummantelung der alten Eidumer Mauern, deren Fundament am ursprünglichen Standort vollständig erhalten blieb.

☐ C: Der Turm wurde als ehemaliges Leuchtzeichen aus Eidum versetzt; an ihm entstand anschließend ein Kirchenschiff aus neuen Ziegeln.

☐ D: Beim Neubau wurden Baumaterial und Inventar aus der Eidumer Vorgängerkirche übernommen, darunter alte Granitblöcke und kirchliche Ausstattungsstücke.

12.) Welches Essen gehört auf Sylt traditionell zum geselligen Abschluss des Biikeabends?

☐ A: Ein gemeinsamer Fischgang mit gekochtem Kabeljau, heller Senfsoße und Salzkartoffeln wird nach dem Feuer serviert.

☐ B: Grünkohl mit Kartoffeln und herzhaften Beilagen wie Kassler, Kochwurst oder Schweinebacke kommt nach dem Feuer auf den Tisch.

☐ C: Traditionell folgt ein süßer Hauptgang aus Mehlbeutel, Kirschsoße und Speck, den die Familien nach dem Strandbesuch teilen.

☐ D: Die Festtafel besteht aus Birnen, grünen Bohnen und Speck, dazu werden meist kleine gekochte Kartoffeln gereicht.

13.) Welche Orte verbindet die Strecke des Syltlaufs?

☐ A: List und Hörnum bilden die Endpunkte einer Strecke, die unter anderem über die Westerländer Promenade führt.

☐ B: Westerland und Morsum bilden die Endpunkte; die Strecke erschließt dabei die Dörfer an der Sylter Ostküste.

☐ C: Zwischen Keitum und Rantum folgt das Rennen dem Wattenmeer und umrundet abschließend das gesamte Rantumbecken.

☐ D: Der Start liegt in Kampen; von dort führt die Strecke durch das Listland bis zum Ziel in List.

14.) Wie nutzte Emil Nolde das Gästehaus Kliffende in Kampen?

☐ A: Als Mitinhaber führte er dort Sommerkurse durch und vermietete anschließend Arbeitsplätze an junge Landschaftsmaler.

☐ B: Er richtete sich auf dem ehemaligen Heuboden ein Atelier ein, während sein Haus auf dem Festland renoviert wurde.

☐ C: In den Speiseräumen entwarf er einen dauerhaft eingebauten Wandbildzyklus über die Geschichte der Sylter Seefahrt.

☐ D: Er eröffnete im Haus eine Werkstatt für Druckgrafik, in der die örtlichen Ansichtskartenserien hergestellt wurden.

15.) Welche Aktivitäten gehören zum Angebot der Sylt4Fun-Halle in Wenningstedt?

☐ A: Eine Schlittschuhbahn, Curlingbahnen und eine kleine Rodelstrecke ermöglichen Wintersport unter einem Dach während des ganzen Jahres.

☐ B: In der Halle stehen Bowlingbahnen und elektronische Golfsimulatoren bereit, ergänzt durch eine abwechslungsreiche Minigolfanlage mit beleuchteten Bahnen.

☐ C: Das Gebäude beherbergt ein Wellenbecken und einen Strömungskanal, in denen Familien Schwimmen und erste Paddeltechniken ausprobieren können.

☐ D: Trampolinspringen, Bouldern, Ballspiele sowie Rollern und Skaten bieten dort Bewegung unabhängig vom Wetter.

16.) Was verringerte die historische Eignung des Königshafens als Ankerplatz für größere Schiffe?

☐ A: Der Übergang von Segel- zu Dampfschiffen verringerte den Bedarf an windgeschützten Zwischenstationen für längere Küstenfahrten.

☐ B: Die großen Handelsschiffe nutzten neue Seewege, wodurch der frühere Versorgungsplatz seine regelmäßigen Schiffsbesuche verlor.

☐ C: Die Küstenschifffahrt verlagerte sich zu Häfen mit Bahnanschluss, sodass der abgelegene Ankerplatz wirtschaftlich zurückfiel.

☐ D: Fortschreitende Versandung verringerte die nutzbaren Wassertiefen und ließ den früheren Naturhafen an Bedeutung verlieren.

17.) Warum verändert sich die Pflanzendecke in den Sandsalzwiesen zwischen Rantum und Hörnum mit zunehmender Geländehöhe?

☐ A: Mit zunehmendem Abstand zum Watt wächst der Muschelschalenanteil im Boden; die steigende Kalkversorgung begünstigt dort andere Pflanzengemeinschaften.

☐ B: Mit zunehmender Höhe erreicht Meerwasser den Boden seltener; dadurch können sich jeweils andere salztolerante Pflanzengemeinschaften behaupten.

☐ C: Landwärts steigt die Salzbelastung durch Verdunstung so stark an, dass besonders salzverträgliche Pionierpflanzen die übrige Vegetation verdrängen.

☐ D: Der Wind verteilt Samen nach ihrem Gewicht; dadurch sammeln sich großsamige Gräser landwärts und leichtere Quellersamen an der Wasserlinie.

18.) Welche Szene aus Murnaus „Nosferatu“ entstand an einem Sylter Strand?

☐ A: Die Ankunft des Grafen vor seinem Schloss, dessen steinerne Außenmauern für die Aufnahme unmittelbar hinter den Strand gesetzt wurden.

☐ B: Eine Marktszene in der Hafenstadt, bei der Fischstände und Kaufmannshäuser als Kulissen auf dem festen Strandsand standen.

☐ C: Eine Friedhofsszene am Meer, für die Kreuze und wartende Figuren in die offene Strandlandschaft als Filmkulisse eingebunden wurden.

☐ D: Die Reise durch das Gebirge, deren felsige Passstraße durch eine Reihe geschickt miteinander verbundener Aufnahmen am Strand ersetzt wurde.

19.) Wie werden traditionelle Sylter Friesenwälle aufgebaut?

☐ A: Behauene Granitquader werden in waagerechten Reihen versetzt und auf einem durchgehenden Betonfundament mit Kalkmörtel verfugt.

☐ B: Feldsteine werden um einen Erdkern aufgeschichtet; die Bauweise kommt im traditionellen Aufbau ohne vermörtelte Fugen aus.

☐ C: Eine tragende Ziegelmauer erhält außen lose Findlinge, während innen Kalkmörtel die gesamte Konstruktion zusammenhält.

☐ D: Feldsteine werden in Drahtkörbe gefüllt, deren miteinander verbundene Wände den Erdkern der Einfriedung vollständig umschließen.

20.) In welches Gebäude zog das Glasatelier von Antje Otto im Januar 2015?

☐ A: Das Atelier bezog Räume im Altfriesischen Haus in Keitum, einem historischen Wohnhaus an der Wattküste.

☐ B: In das Witthüs in Wenningstedt, das durch seine Verbindung von Töpferei und Teestube bekannt wurde.

☐ C: In den Bahnhof von Keitum auf Sylt, nachdem sich das selbständige Atelier zuvor in Malente befunden hatte.

☐ D: Ein neuer Arbeitsort entstand im Keitumer Sylt Museum, dessen Sammlung auch das Kunsthandwerk der Insel dokumentiert.

21.) Welcher Forschungsansatz prägte Georg Kossacks Ausgrabungen im Sylter Archsum?

☐ A: Im Mittelpunkt stand der Nachweis einer planmäßig angelegten Handelsstadt, deren rechtwinkliges Straßennetz aus historischen Küstenkarten rekonstruiert werden sollte.

☐ B: Die Siedlungsarchäologie wurde mit naturwissenschaftlichen Untersuchungen verbunden, um frühere Lebensbedingungen und die Nutzung der Landschaft zu erschließen.

☐ C: Die Untersuchung behandelte die aufeinanderfolgenden Bauphasen als zeitgleiches Dorf und erklärte abweichende Hausformen mit unterschiedlichen sozialen Rangstufen.

☐ D: Das Projekt leitete die frühesten Siedlungsphasen vorwiegend aus überlieferten Flurnamen ab und ordnete Ausgrabungsfunde dieser sprachgeschichtlichen Chronologie unter.

22.) Was ist das Dünendorf Puan Klent im Sylter Süden?

☐ A: Das Gelände dient als Ferienwohnungsanlage für Wohneigentümer, die ihre Häuser über eine gemeinsame Verwaltung saisonweise vermieten lassen.

☐ B: Eine medizinische Rehabilitationsklinik, die auf stationäre Behandlungen von Erwachsenen mit Atemwegserkrankungen im Seeklima spezialisiert ist.

☐ C: Eine Jugendbegegnungs- und Bildungsstätte, die unter anderem Schulklassen, Kindergruppen und Familien Aufenthalte zwischen Nordsee und Wattenmeer ermöglicht.

☐ D: Eine berufliche Ausbildungsstätte für Küstenfischerei, deren Lehrgänge praktische Bootsarbeit mit Kursen zur Verarbeitung von Meerestieren verbinden.

23.) Welchen Werkstatus besitzt Theodor Storms nach seiner Syltreise entstandene „Sylter Novelle“?

☐ A: Storm stellte die Novelle noch auf der Insel fertig; sie erschien anschließend zu seinen Lebzeiten als eigenständiges Buch.

☐ B: Nach Storms Tod ergänzte ein anderer Schriftsteller die fehlenden Kapitel und veröffentlichte das Werk als gemeinsam verfasste Novelle.

☐ C: Storm arbeitete den Entwurf zu einer abgeschlossenen Erzählung um, die später unter dem Titel „Ein Bekenntnis“ veröffentlicht wurde.

☐ D: Der Text blieb ein Fragment, sodass Storms Aufenthalt auf der Insel zu einem unvollendet gebliebenen Erzählprojekt führte.

24.) Welche Verbindung brachte 1919 die ersten Linienflugreisenden nach Sylt?

☐ A: Eine direkte Verbindung von Kopenhagen nach Westerland eröffnete den Flugverkehr; unterwegs war keine Zwischenlandung vorgesehen.

☐ B: Die Deutsche Luftreederei verband Berlin über Hamburg mit Sylt und bot die Flüge zunächst während der Sommersaison an.

☐ C: Die erste Strecke führte von Bremen über Wilhelmshaven auf die Insel und richtete sich an Sommergäste.

☐ D: Von Kiel aus starteten Wasserflugzeuge, die ihre Passagiere nach der Landung im Lister Hafen an Land brachten.

25.) Welchen Alltag erschließt das Altfriesische Haus in Keitum besonders anschaulich?

☐ A: Die historische Wohn- und Haushaltskultur der Insulaner, die durch erhaltene Räume und zahlreiche Alltagsgegenstände nachvollziehbar wird.

☐ B: Den Tagesablauf in einer öffentlichen Dorfschule, deren Klassenraum und Lehrerwohnung vollständig im ursprünglichen Zustand erhalten sind.

☐ C: Die Arbeit einer Kapitänsfamilie an Bord, dargestellt durch maßgetreu nachgebaute Kabinen und eine funktionsfähige Takelage.

☐ D: Das Leben früherer Kurgäste im Seebad, mit rekonstruierten Hotelzimmern, Badeeinrichtungen und einem historischen Empfangssalon.

26.) Wo verteilen sich die Informationsstationen des Sylter Walpfads?

☐ A: Der Weg verläuft zwischen den Dünen im Inselinneren und verbindet den Wenningstedter Dorfteich mit der Braderuper Heide.

☐ B: Die Stationen liegen entlang des Weststrands und am Königshafen in List; so verbinden sie unterschiedliche Beobachtungsorte am Meer.

☐ C: Im Inselsüden bildet der Pfad einen Rundweg um das Rantumbecken und führt von dessen Deich zum Rantumer Hafen.

☐ D: Die Strecke folgt der Wattküste von Munkmarsch über Keitum bis Morsum und verbindet dort die Häfen mit Aussichtspunkten.

27.) Wodurch wurde beim traditionellen Sylter Eierwerfen zu Ostern der Sieger bestimmt?

☐ A: Beim gegenseitigen Zuwerfen wuchs der Abstand nach jedem Fang; das Paar mit der größten noch bewältigten Entfernung gewann.

☐ B: Es gewann, wer mit seinem Ei eine markierte Mulde traf; die Entfernung zum Ziel zählte mehr als der Zustand der Schale.

☐ C: Entscheidend war die Haltbarkeit der Schale beim wiederholten Werfen; das länger unversehrte Ei setzte sich gegen die anderen durch.

☐ D: Den Sieg erhielt der weiteste Wurf vom festgelegten Ausgangspunkt; die Reihenfolge wurde anhand der Aufschlagstellen im Gelände bestimmt.

28.) Welche Aussage trifft auf die Geschichte des Hotels Stadt Hamburg in Westerland zu?

☐ A: Der Betrieb begann als Bahnhofshotel nach Eröffnung der durchgehenden Bahnverbindung und bezog später das heutige Haus.

☐ B: Aus einem früheren städtischen Badehaus entstand durch den Anbau von Gästezimmern das heutige Hotelensemble.

☐ C: Ein ehemaliges Keitumer Kapitänshaus wurde nach Westerland versetzt und dort zum heutigen Hotel ausgebaut.

☐ D: Das Hotel eröffnete 1869 und empfängt seine Gäste bis heute an derselben Stelle in Westerland.

29.) Welche Besonderheit prägt die Zufahrt zum Sylter Ellenbogen?

☐ A: Die Straße gehört zum Fährterminal und darf mit einem Fahrzeug ausschließlich zusammen mit einem Fährticket genutzt werden.

☐ B: Die Zufahrt erfolgt über eine öffentliche Deichstraße, deren Nutzung unmittelbar an die örtliche Gästekarte gebunden ist.

☐ C: Das Gelände ist in Privatbesitz; für die Zufahrt mit dem Auto wird eine gesonderte Straßengebühr erhoben.

☐ D: Ein privater Parkplatz am Lister Hafen ist verpflichtend, von dort verkehren Sammelbusse bis an die Landspitze.

30.) Worin unterscheiden sich Sylts Geestkerne von den langen sandigen Inselenden?

☐ A: Hinter geschlossenen Strandwällen wuchsen mächtige Torflager, aus denen die höher gelegenen Inselbereiche hervorgingen.

☐ B: Süßwasserflüsse schütteten die Inselmitte als Delta auf, während die Enden aus aufgewölbtem Meeresgrund entstanden.

☐ C: Die Inselmitte enthält eiszeitlich geprägten Untergrund; an den Inselenden überwiegen jüngere marine Sandablagerungen.

☐ D: Die Geest besteht aus altem Marschboden, den historische Entwässerung gegenüber den umliegenden Flächen angehoben hat.

31.) Welche ungewöhnlichen Fahrzeuge setzte die Sylter Inselbahn ab den 1950er Jahren ein?

☐ A: Für die Schiene umgebaute Borgward-Zugmaschinen zogen eigens gebaute Personenauflieger und bildeten zusammen besonders leichte Triebwagen.

☐ B: Umgerüstete Reisebusse dienten als Schienenbusse; dafür wurden ihre vollständigen Straßenkarosserien übernommen und lediglich Achsen und Radführungen ausgetauscht.

☐ C: Ehemalige Straßenbahnwagen mit Batteriebetrieb übernahmen den Verkehr; ihre Akkus wurden jeweils in List und Hörnum gewechselt.

☐ D: Zweiachsige Dieseltriebwagen aus einer größeren Serienfertigung übernahmen den Verkehr und zogen offene Wagen für das Strandgepäck.

32.) Welche Umgebung kennzeichnet den Kaffeegarten des Sylter Cafés Kupferkanne?

☐ A: Das Café liegt am Lister Hafen, dessen Becken von der Terrasse aus unmittelbar hinter den Tischen zu sehen ist.

☐ B: Die Tische stehen direkt hinter dem Weststrand oberhalb der Brandung, wo sich eine offene Terrasse an die Dünenkante anschließt.

☐ C: Die Sitzplätze verteilen sich zwischen Kiefern an der Kampener Wattseite, wo sich aus dem Garten der Blick über das Meer öffnet.

☐ D: Ein geschlossener Innenhof mit Obstbäumen bildet das Zentrum; die früheren Stallflügel eines Keitumer Bauernhauses umgeben die Gäste.

33.) Wie reagiert Strandhafer in Sylts Küstendünen auf fortlaufenden Sandauftrag?

☐ A: Er bildet bei Übersandung neue Wurzelebenen und wächst durch den aufgewehten Sand weiter nach oben.

☐ B: Die Halme weichen seitlich aus; dadurch bleibt der ursprüngliche Wurzelhals in einer kleinen, vom Sand freigehaltenen Mulde.

☐ C: Der Wurzelstock bleibt auf seiner bisherigen Höhe; verlängerte Blattstiele heben die Blattspreiten über die neu entstandene Sandoberfläche.

☐ D: Zunächst wachsen die Pfahlwurzeln tiefer nach unten; die oberirdischen Triebe werden im folgenden Frühjahr durch neue Sämlinge ersetzt.

34.) Warum erscheinen niederländische Hafenstädte so häufig in Sylter Seefahrergeschichten des 17. und 18. Jahrhunderts?

☐ A: Viele Insulaner heuerten bei dortigen Reedereien an und verdienten ihren Lebensunterhalt als Besatzungsmitglieder auf weitreichenden Handels- und Fangreisen.

☐ B: Die Hafenstädte dienten als Ausbildungsorte für Sylter Küstenlotsen, deren anschließendes Arbeitsgebiet die Fahrwasser zwischen Morsum und List umfasste.

☐ C: Dort entstanden Ausbildungsstätten für Sylter Schiffbauer, die anschließend in den Werften der Insel neue Hochseeschiffe fertigten.

☐ D: Niederländische Kaufleute bezogen ihre Schiffsausrüstung überwiegend aus Sylter Werkstätten, deren Handelsvertreter dauerhaft in den Hafenstädten lebten.

35.) Welche Figuren schmücken den Fuß des Taufsteins von St. Severin in Keitum?

☐ A: Vier kniende Evangelisten stützen das Becken und halten ihre Schriftrollen zwischen den vorgestreckten Händen.

☐ B: Unter der Schale stehen vier Engel mit muschelförmigen Flügeln, die zugleich kleine Kerzenhalter tragen.

☐ C: Die Taufschale ruht auf vier Meerwesen, deren ineinander verschlungene Schwänze den quadratischen Fuß umschließen.

☐ D: Stilisierte Löwen bilden die Trägerfiguren unter dem Becken, dessen Sandstein mit einem Rankenornament geschmückt ist.

36.) Welches ungewöhnliche Gebäudeensemble wurde 2007 zur Heimat des Sylter Meerkabaretts?

☐ A: Der Standort der Sylt Quelle in Rantum, an dem Kulturveranstaltungen neben der Abfüllung von Mineralwasser ihren Platz fanden.

☐ B: Ein ehemaliges Schulgebäude im alten Keitumer Dorfkern, mit einer zur Bühne erweiterten Turnhalle und einem Lesesaal im Dachgeschoss.

☐ C: Das frühere Empfangsgebäude der Inselbahn in List, dessen Wartesaal um einen Theaterraum mit ansteigenden Sitzreihen ergänzt wurde.

☐ D: Die restaurierte Strandkorbhalle in Wenningstedt, deren Lagerflächen im Sommer vollständig in einen bestuhlten Konzertsaal umgewandelt wurden.

37.) Welche Vorgänge bestimmen den Sedimentverlust an der Hörnum-Odde?

☐ A: Das Meer löst alten Geschiebelehm aus der Kliffbasis heraus; dadurch verliert das darüberliegende Sandplateau seinen festen Untergrund.

☐ B: An der Südspitze wird überwiegend Schlick abgetragen, weil die Entwässerung der angrenzenden Marsch den bindigen Boden austrocknet.

☐ C: Wellen und Gezeitenströmungen führen mehr Sand ab, als nachgeliefert wird; Sturmfluten können diesen Verlust innerhalb kurzer Zeit stark vergrößern.

☐ D: Vorwiegend grober Kies wandert nach Norden, während feiner Sand die abgetragenen Dünen von Osten her weitgehend ersetzt.

38.) Welche Pflanze ist auf der Insel als Syltrose bekannt?

☐ A: Der Name bezeichnet die heimische Dünenrose mit ihren hellen Blüten und den später fast schwarzen Früchten.

☐ B: Es handelt sich um die Weinrose, deren Blätter nach Äpfeln duften und deren Zweige zahlreiche gekrümmte Stacheln besitzen.

☐ C: Die Bezeichnung meint die aus Ostasien eingeführte Kartoffelrose, die durch runzelige Blätter und große, flachkugelige Hagebutten auffällt.

☐ D: Damit ist die Hundsrose gemeint, deren bogig überhängende Zweige kleine rosa Blüten und längliche Hagebutten tragen.

39.) Welcher Vorgang verleiht dem Roten Kliff seine charakteristische Färbung?

☐ A: Organische Säuren aus der darüberliegenden Heide lösen Humus und lagern ihn als rötliche Kruste ab.

☐ B: Eisenhaltige Bestandteile im eiszeitlichen Material reagieren im Kontakt mit Luft und Wasser mit Sauerstoff und bilden dabei rostfarbene Verwitterungsprodukte.

☐ C: Mikroskopische Rotalgen besiedeln die feuchten Oberflächen und färben den darunterliegenden Lehm mit ihren Pigmenten.

☐ D: Besonders viele rötliche Feldspatkörner aus zerfallenem Granit bestimmen die Farbe der gesamten Steilwand.

40.) Welcher Keramikart gehören die traditionellen Delfter Wandfliesen in Sylter Kapitänshäusern an?

☐ A: Die Platten sind engobierte Terrakotta, deren helle Tonschlämme das Dekor trägt, während eine zusätzliche Glasur fehlt.

☐ B: Es handelt sich um Hartporzellan, dessen weißer, dicht gebrannter Scherben unter einer durchsichtigen Glasur liegt.

☐ C: Die Fliesen bestehen aus salzglasiertem Steinzeug; ihre Bemalung wird vor dem dichten Hochbrand aufgetragen.

☐ D: Es sind Fayencen: poröse Tonkeramik, die durch eine deckende weiße Zinnglasur eine Fläche für gemalte Motive erhält.

41.) Was leitete 1855 Westerlands Aufstieg zum Fremdenverkehrsort ein?

☐ A: Der Ausbau des örtlichen Hafens ermöglichte erstmals die direkte Ankunft großer Passagierdampfer unmittelbar am Weststrand.

☐ B: Der organisierte Seebadebetrieb begann, und aus dem bisherigen Dorf entwickelte sich schrittweise ein bedeutender Ferienort.

☐ C: Mit dem ersten planmäßigen Bahnverkehr über das Watt wurde Westerland zum bequem erreichbaren Ziel für Tagesgäste.

☐ D: Die Eröffnung einer ständigen Künstlerakademie zog zahlende Sommergäste an und begründete einen neuen Beherbergungszweig.

42.) Wie kehrten Kegelrobben in das Wattenmeer um Sylt zurück?

☐ A: Nach regionalem Verschwinden siedelten sich wieder zuwandernde Tiere an und begründeten erneut Bestände mit Nachwuchs.

☐ B: Die heutigen Vorkommen entstanden aus einem geschlossenen Zuchtprogramm, dessen Tiere zunächst im Hörnumer Hafen freigelassen wurden.

☐ C: Die Wiederbesiedlung begann mit gezielten Umsiedlungen aus der Ostsee auf ausgewählte Sandbänke vor der nordfriesischen Küste.

☐ D: Ein kleiner Bestand überdauerte unentdeckt im Rantumbecken und breitete sich von dort wieder entlang der Küste aus.

43.) Wie begann die direkte Fährverbindung zwischen List und Havneby im Juli 1963?

☐ A: Eine kleine Personenfähre der Lindinger Reederei eröffnete die Linie; ihre Kapazität lag bei ungefähr 240 Fahrgästen.

☐ B: Zum Start setzte die Reederei eine Eisenbahnfähre ein, die hauptsächlich Güterwagen zur Versorgung der Insel transportierte.

☐ C: Die Verbindung entstand als Zwischenhalt eines großen Seebäderschiffs auf seiner täglichen Fahrt zwischen Hamburg und Helgoland.

☐ D: Mit einer offenen Lastenfähre begann zunächst der Güterverkehr; Urlauber konnten erst nach dem Ausbau der Anleger mitfahren.

44.) Welche Badetradition machte Sylt seit dem frühen 20. Jahrhundert besonders bekannt?

☐ A: Ein System gemeinsamer Badezeiten löste die Strandabschnitte ab; Familien nutzten den Weststrand nach einem täglich wechselnden Stundenplan.

☐ B: Das gemeinsame Winterbaden entwickelte sich aus regelmäßig beheizten Strandbecken, die zwischen den Dünen für Vereinsveranstaltungen errichtet wurden.

☐ C: Das Baden ohne Kleidung gewann mit der Freikörperkultur an Bedeutung und wurde auf eigens ausgewiesenen Strandabschnitten gepflegt.

☐ D: Die Insel führte Badehäuser auf schwimmenden Pontons ein, damit Feriengäste unabhängig vom Gezeitenstand in Meerwasserbecken schwimmen konnten.

45.) Wo liegen die Tinnumer und Archsumer Feuchtwiesen innerhalb der Sylter Landschaft?

☐ A: Die Wiesen gehören zur Nössehalbinsel und liegen südlich von Keitum auf der Wattseite der Insel.

☐ B: Sie bilden einen breiten Gürtel im Listland, der sich zwischen den Wanderdünen und der Bucht Königshafen erstreckt.

☐ C: Die Flächen liegen westlich von Wenningstedt und verbinden dort die tieferen Dünentäler mit dem offenen Nordseestrand.

☐ D: Es handelt sich um die eingedeichten Flächen des Rantumbeckens, dessen Wasserflächen durch regelmäßige Entwässerung als Grünland genutzt werden.

46.) Welche Rolle übernimmt Nes Pük in der Sylter Sagenüberlieferung?

☐ A: Er bewacht versunkene Schätze unter dem Meeresboden und zeigt ihren Standort durch ein wanderndes Licht über den Prielen an.

☐ B: Er lebt als Meermann mit seiner Frau unter der Nordsee und versucht, ein Mädchen aus Rantum für sich zu gewinnen.

☐ C: Als kleiner Hausgeist kümmert er sich um Hof und Tiere, erwartet aber einen achtsamen Umgang und eine angemessene Gabe.

☐ D: Der Geist führt Wandernde nachts durch die Dünen, indem er mit seiner Laterne den kürzesten Weg zum nächsten Dorf markiert.

47.) Wie gewinnt Alexandro Papes Sylter GenussMacherei ihr Meersalz?

☐ A: Brackwasser aus einem Rantumer Tiefbrunnen wird in offenen Pfannen eingekocht und anschließend mit dem konzentrierten Mineralrückstand kristallisiert.

☐ B: Die Manufaktur sammelt natürlich entstandene Salzkrusten von überfluteten Sandflächen und reinigt sie durch wiederholtes Lösen und erneutes Trocknen.

☐ C: Ein unter dem Inselkern liegendes Steinsalzvorkommen wird durch Wasser ausgelaugt; aus der geförderten Sole entsteht danach das Speisesalz.

☐ D: Sie gewinnt Kristalle aus Nordseewasser in einer überdachten Saline und trocknet das Salz anschließend schonend auf der Insel.

48.) Wer machte das Haus Uhlenkamp zum Treffpunkt von Künstlern in Kampen?

☐ A: Ein Atelierkreis um den Maler Albert Aereboe übernahm das Haus und veranstaltete dort regelmäßig gemeinsame Verkaufsausstellungen.

☐ B: Der Verleger Ernst Rowohlt richtete dort sein sommerliches Lektorat ein und lud die Autoren seines Verlages zu Arbeitstreffen.

☐ C: Die Tänzerin Gret Palucca eröffnete in dem Gebäude eine Sommersparte ihrer Schule mit öffentlichen Proben.

☐ D: Ferdinand Avenarius empfing dort Künstler und Schriftsteller und trug damit zur kulturellen Bekanntheit des Dorfes bei.

49.) Welche Besonderheit zeigt das Sölring beim grammatischen Geschlecht seiner Substantive?

☐ A: Jedes Substantiv gehört zu einer von drei Klassen, deren Artikel in der Einzahl sämtlich unterschiedlich lauten.

☐ B: Männliche und weibliche Wörter bilden eine gemeinsame Klasse, die mit einem eigenen Artikel von den sächlichen Wörtern unterschieden wird.

☐ C: Die Zuordnung richtet sich nach Belebtheit: Menschen bilden eine eigene Klasse gegenüber Tieren und Gegenständen.

☐ D: Für weibliche und sächliche Wörter gilt derselbe Artikel, während männliche Wörter einen eigenen Artikel behalten.

50.) Welches Problem stand am Anfang der 1924 gegründeten Forschungsstation in List?

☐ A: Wiederkehrende Algenblüten schädigten die Muschelfischerei, sodass ihre Auslöser und die Giftbildung des Planktons untersucht wurden.

☐ B: Das Absterben großflächiger Seegraswiesen machte Versuche zur Wiederansiedlung verschiedener Pflanzenarten auf den Wattflächen erforderlich.

☐ C: Stark rückläufige Europäische Austernbestände sollten untersucht werden; zugleich suchte man Methoden, um die Tiere künstlich zu vermehren.

☐ D: Der Rückgang wandernder Aale veranlasste Versuche, ihren Lebenszyklus nachzubilden und Jungtiere für die Küstengewässer heranzuziehen.

51.) Welche Bauform kennzeichnet die auf der Strecke List–Havneby eingesetzte SyltExpress?

☐ A: Sie ist ein Katamaran, dessen zwei schlanke Rümpfe ein durchgehendes Deck für Passagiere und Fahrzeuge tragen.

☐ B: Das Schiff gehört zu den Heckladefähren mit geschlossenem Bug und einer einzigen Fahrzeugrampe am hinteren Ende.

☐ C: Es handelt sich um eine Seitenladefähre, bei der Fahrzeuge über quer zur Fahrtrichtung angeordnete Rampen an Bord gelangen.

☐ D: Sie wurde als Doppelendfähre gebaut und kann mit beiden Schiffsenden voraus zwischen den Häfen pendeln.

52.) Was bezeichnet die Hüüf bei der traditionellen Sylter Frauentracht?

☐ A: Die wollene Unterjacke mit gefältelten Ärmeln, die unter dem farbigen Oberteil als wärmende Schicht sitzt.

☐ B: Eine feste, verzierte Kopfbedeckung, deren Form sich nach unten verjüngt und die zur festlichen Kleidung getragen wird.

☐ C: Das reich bestickte Brusttuch, dessen seitliche Bänder den Oberkörper umschließen und unter der Schürze verknotet werden.

☐ D: Ein silberner Hüftgürtel mit breiter Schließe, an dem mehrere Schmuckketten bis auf den Rock herabhängen.

53.) Welche Verbindung hatte Christian Peter Hansen zum Altfriesischen Haus in Keitum?

☐ A: Als wandernder Maler mietete er dort für wenige Sommer ein Atelier, ohne seinen Wohnsitz auf die Insel zu verlegen.

☐ B: Er entwarf das Gebäude als frühen Museumsneubau und leitete darin eine Dauerausstellung seiner historischen Inselsammlung.

☐ C: Hansen nutzte das Haus als Geschäft für Seekarten und Instrumente, während seine Familie dauerhaft in Westerland wohnte.

☐ D: Das Haus gehörte zu seinen früheren Wohnstätten; heute erinnert das Museum auch an den Lehrer und Inselchronisten.

54.) Wo liegen die Brunnen der Sylt Quelle, deren Wasser in Rantum abgefüllt wird?

☐ A: Brunnen erschließen ein unterirdisches Wasservorkommen im Inselsüden; das geförderte Wasser bringt seinen natürlichen Jodgehalt bereits mit.

☐ B: Das Wasser kommt aus dem Geestgebiet bei Archsum und gelangt über eine eigene Transportleitung zur Anlage im Süden.

☐ C: Am östlichen Ortsrand von Keitum wird das Quellwasser gewonnen, bevor Tankfahrzeuge es zur Weiterverarbeitung in die Abfüllhalle bringen.

☐ D: Die Förderung erfolgt im Listland, wo tiefe Bohrungen das Mineralwasser erschließen und eine Leitung es zur Abfüllung transportiert.

55.) Wo liegt das traditionelle Wettkampfrevier des Windsurf World Cup Sylt?

☐ A: Der Königshafen bei List bildet die Wettkampfarena; die Teilnehmenden starten dabei von der Uferlinie unterhalb des Ellenbogens.

☐ B: Am Hörnumer Oststrand, wo der Wettkampf zwischen Hafenmole und vorgelagerten Sandbänken in einem durchgehend geschützten Wasserbereich ausgetragen wird.

☐ C: Die Munkmarscher Bucht ist der Austragungsort, mit Start und Ziel vor dem Fährhaus und Zuschauerplätzen am alten Hafen.

☐ D: Vor dem Brandenburger Strand in Westerland, dessen angrenzende Promenade den Zuschauenden einen unmittelbaren Blick auf das Wettkampfgeschehen bietet.

56.) Wie verbindet das Sylt Aquarium heimische Meeresfauna mit Einblicken in andere Unterwasserwelten?

☐ A: Die Ausstellung wechselt saisonal ihren Tierbestand und zeigt im Sommer tropische, im Winter heimische Arten.

☐ B: Nordsee und Tropen besitzen getrennte Bereiche; Panoramatunnel ermöglichen Beobachtungen unter den jeweiligen Großbecken.

☐ C: In einem gemeinsamen Großbecken leben Nordseefische neben tropischen Riffbewohnern, angepasst an eine mittlere Wassertemperatur.

☐ D: Ein Außenbecken zeigt Nordseetiere, während tropische Lebensräume durch bewegte Unterwasseraufnahmen im Innenbereich dargestellt werden.

57.) Welchem Zweck diente die 1767 angelegte Vogelkoje Kampen ursprünglich?

☐ A: Einrichtungen am Teich dienten der Beobachtung beringter Zugvögel, um ihre Flugwege entlang der Nordseeküste aufzuzeichnen.

☐ B: Dort wurden Entenküken in umfriedeten Teichen aufgezogen und anschließend zur Besiedlung neuer Küstengewässer ausgesetzt.

☐ C: Die Anlage hielt zahme Wasservögel als Locktiere bereit, die Fischer zum Auffinden von Fischschwärmen einsetzten.

☐ D: Sie war eine gewerbliche Fanganlage, in der angelockte Wildenten über Wasserarme in Netzreusen gelangten.

58.) Wie begann 1986 die kommerzielle Aufzucht der Sylter Royal in der Blidselbucht?

☐ A: Auf dem Meeresgrund befestigte Kalkplatten sammelten heimische Austernlarven, die später mit ihren Unterlagen in die Bucht umgesetzt wurden.

☐ B: Die ersten Jungtiere kamen aus Irland und wurden auf Austerntischen im Watt vor List untergebracht.

☐ C: Man hängte junge Muscheln an lange Leinen im tiefen Fahrwasser, damit sie ständig unter Wasser heranwachsen konnten.

☐ D: Der Betrieb bezog laichreife europäische Austern aus Frankreich und zog ihre Nachkommen zunächst in Meerwasserbecken an Land auf.

59.) Welches zentrale Anliegen vermittelt das Sylter Lied „Üüs Söl-ring Lön“?

☐ A: Die Verbundenheit mit der Insel und das Bewahren ihrer Sprache sollen auch fern der Heimat bestehen bleiben.

☐ B: Es preist das sommerliche Badeleben und lädt Besucher ein, am gesellschaftlichen Leben der Seebäder teilzunehmen.

☐ C: Es erzählt die Heimkehr eines einzelnen Seemanns und schildert dessen Wiedersehen mit seiner Familie.

☐ D: Das Lied beschreibt die Entstehung der Dünen und verbindet einzelne Küstenorte mit Figuren aus der Sagenwelt.

60.) Was kam 2017 bei Nachforschungen am Fundplatz der Morsumer Ringfibel ans Licht?

☐ A: Die Untersuchung legte ein Brandgrab frei, in dem verzierte Keramik, gläserne Perlen und bronzene Nadeln gemeinsam niedergelegt worden waren.

☐ B: Ein Silberhort mit Ringen, Münzen, Barren und weiteren Teilen erweiterte den zuvor nur durch die einzelne Gewandschließe bekannten Fund.

☐ C: Man entdeckte den Werkstattabfall einer Metallgießerei, darunter tönerne Formen, Schmelztiegel und zahlreiche unfertige Beschläge aus einer Kupferlegierung.

☐ D: Zum Vorschein kam eine aus Holz gefasste Vorratsgrube, die Mahlsteine, verkohlte Getreidereste und mehrere weitgehend erhaltene Tongefäße enthielt.

61.) Welche jungen Gehölze stehen bei den Entkusselungsaktionen der Naturschutzgemeinschaft in der Morsumer Heide im Mittelpunkt?

☐ A: Die Helfenden entfernen junge Rotbuchen und Hainbuchen, bevor sich deren Kronen über den niedrigen Pflanzen schließen.

☐ B: Auf den Flächen werden hauptsächlich Robinien und Rosskastanien zurückgenommen, deren Jungpflanzen aus benachbarten Gehölzbeständen stammen.

☐ C: Junge Birken und Kiefern werden entfernt, um den offenen Charakter der dortigen Heideflächen zu bewahren.

☐ D: Vor allem Erlenaufwuchs wird beseitigt; zusammen mit jungen Eschen bildet er den Schwerpunkt dieser Pflegeeinsätze.

62.) Welche Freizeitkultur gehört besonders zur Geschichte der Kampener Buhne 16?

☐ A: Der Strand wurde zum Treffpunkt der Surf- und Badekultur; das Strandbistro entwickelte sich zu einem ihrer bekannten Begegnungsorte.

☐ B: Der Standort entwickelte sich aus einem Strandreitverein, dessen regelmäßige Pferderennen unmittelbar entlang der Brandung ausgetragen wurden.

☐ C: Hier entstand eine Seglerkolonie mit festen Bootsliegeplätzen, deren Regatten den Strandabschnitt über die Insel hinaus bekannt machten.

☐ D: Ein frühes Freilufttheater mit jährlichen friesischen Bühnenstücken machte den Platz zum sommerlichen Mittelpunkt der Sylter Theatergruppen.

63.) Was unterbrach 1988 und 2002 die Erholung der Seehundbestände im Sylter Wattenmeer?

☐ A: Zwei große Ausbrüche der Seehundstaupe verursachten zahlreiche Todesfälle und ließen die erholten Bestände erneut deutlich einbrechen.

☐ B: Die Tiere wechselten nach ungewöhnlichen Sturmserien ihre Liegeplätze, wodurch die Zählungen einen scheinbaren Zusammenbruch der Bestände ergaben.

☐ C: Akute Vergiftungswellen nach großen Chemikalieneinträgen lösten die beiden Bestandsverluste aus und betrafen besonders ausgewachsene Tiere.

☐ D: Wandernde Kegelrobben verdrängten in beiden Jahren zahlreiche Seehunde aus den angestammten Wurfgebieten der südlichen Nordsee.

64.) Was erleben Besucher im Syltdome des Erlebniszentrums Naturgewalten in List?

☐ A: Hinter einer umlaufenden Glasscheibe liegt ein großes Meerwasserbecken, in dem Taucher die Lebensräume vor Sylt vorführen.

☐ B: Ein beweglicher Aussichtsturm hebt die Besucher über das Dach und ermöglicht einen unmittelbaren Rundblick auf die Wanderdünen.

☐ C: In einer begehbaren Windkammer durchläuft man verschiedene Sturmstärken und beobachtet die Verlagerung einer künstlichen Düne.

☐ D: Eine Rundumprojektion zeigt Naturaufnahmen der Insel in einem Kuppelkino und vermittelt dabei eine Atmosphäre wie im Planetarium.

65.) Welche Veränderung brachte das Jahr 1975 für das Quermarkenfeuer Rotes Kliff?

☐ A: Das Leuchtfeuer wurde stillgelegt; der achteckige Turm blieb als sichtbares Bauwerk in der Kampener Dünenlandschaft erhalten.

☐ B: Der Turm erhielt eine automatisierte Leuchtanlage, die seitdem ohne Betreuung vor Ort das vorgelagerte Fahrwasser bezeichnet.

☐ C: Man wandelte die Anlage in ein Richtfeuer um, das gemeinsam mit einem neu errichteten zweiten Turm arbeitet.

☐ D: Eine Radarstation ersetzte die bisherige Laterne und übernahm fortan die Überwachung des Schiffsverkehrs westlich von Kampen.

66.) Wozu dient die Rückholunterstützung beim Westküstenstrandkorb der Rantumer Manufaktur Sylt-Strandkörbe?

☐ A: Sie zieht die ausgefahrenen Fußstützen nach Gebrauch unter die Sitzfläche und hält deren Führungsschienen von Sand frei.

☐ B: Beim Anheben an den seitlichen Griffen gleicht sie das Gewicht zwischen Vorderkante und Rückseite für den Transport aus.

☐ C: Durch eine gespannte Halterung rollt sie die Markise zurück, sobald diese vom vorderen Haubenrand gelöst wird.

☐ D: Die Einrichtung erleichtert das Zurückstellen des geneigten Oberkorbs und verringert den dafür erforderlichen Kraftaufwand beim Aufrichten.

67.) Wie schützt die Lister Austernzucht ihre Sylter Royal vor winterlichem Eisgang?

☐ A: Man umgibt die Tische mit schwimmenden Holzrahmen, die größere Eisschollen vom Aufzuchtbereich ablenken und so die Bestände abschirmen.

☐ B: Die Netztaschen werden in tiefe Rinnen vor der Küste abgesenkt und erst nach dem Ende der Frostperiode wieder angehoben.

☐ C: Die Tiere überwintern in feuchtem Sand unter isolierenden Matten; eine regelmäßige Benetzung ersetzt dabei das offene Meerwasser.

☐ D: Die Austern ziehen aus dem Watt in Winterquartiere an Land und werden dort weiterhin mit frischem Meerwasser versorgt.

68.) Wie waren Wohn- und Wirtschaftsteil vieler traditioneller Sylter Friesenhäuser räumlich angeordnet?

☐ A: Wohnräume und Stall wechselten sich entlang der Nordseite ab, während der Süden als offene Diele diente.

☐ B: Die Wohnräume lagen an der westlichen Stirnseite, während Stall und Vorräte einen östlichen Anbau bildeten.

☐ C: Der Wirtschaftsteil lag im Westen des langgestreckten Hauses, während die Wohnräume seinen östlichen Abschnitt einnahmen.

☐ D: Das Vieh stand im unteren Geschoss; darüber verlief ein durchgehender Wohnbereich mit Fenstern nach Westen.

69.) Welche Einrichtungen betreibt die Sölring Foriining unter dem gemeinsamen Dach der Sölring Museen?

☐ A: Der Verein führt die Arche Wattenmeer, das Erlebniszentrum Naturgewalten und das Sylt Aquarium als gemeinsame naturkundliche Sammlung.

☐ B: Das Ensemble besteht aus der Alten Landvogtei, dem Hörnumer Leuchtturm und einer Ausstellung im Westerländer Bahnhof.

☐ C: Zum Museumsverbund zählen die Dorfkirchen St. Severin und St. Martin mit ihren Sammlungen sowie das Kampener Atelier Sprotte.

☐ D: Dazu gehören Sylt Museum, Altfriesisches Haus, das Steinzeitgrab Denghoog und der Naturpfad Vogelkoje Kampen.

70.) Welche Veranstaltungsform etablierte Siegward Sprotte ab 1951 in Kampen?

☐ A: Sprotte gründete einen sommerlichen Zeichenwettbewerb, bei dem Gäste vorgegebene Landschaftsausschnitte innerhalb eines Tages festhielten.

☐ B: In seinen Ateliergesprächen verband er über Jahrzehnte den Austausch über Kunst mit Fragen des Sehens und Sprechens.

☐ C: Eine jährliche Kunstauktion finanzierte Stipendien, deren Preisträger gemeinsam ein Semester im Kampener Atelier verbringen konnten.

☐ D: Er organisierte offene Strandkonzerte, bei denen Musiker ihre Improvisationen mit den wechselnden Geräuschen der Brandung verbanden.

71.) Warum liegt das Steinzeitgrab Harhoog heute am Keitumer Watt?

☐ A: Eine Sturmflut legte die Kammer dort frei; der benachbarte Hügel entstand anschließend aus dem abgetragenen Deckboden.

☐ B: Die Anlage wurde 1954 dorthin versetzt, weil ihr ursprünglicher Standort einer Erweiterung des Sylter Flughafens weichen musste.

☐ C: Die Kammer wurde bei einer Deicherhöhung landwärts verschoben und danach als archäologisches Fenster im neuen Deich belassen.

☐ D: Der Heimatverein ließ das Grab aus einzelnen Fundsteinen rekonstruieren, die aus mehreren Keitumer Hügeln zusammengetragen worden waren.

72.) Welche Besonderheit kennzeichnete den Termin des Sylter Petritags vor seiner festen Bindung an den 22. Februar?

☐ A: Jedes Dorf feierte an seinem Kirchweihtag; erst später wurden diese örtlichen Jahrestage zu einem gemeinsamen Inseltermin vereinigt.

☐ B: Das Datum wechselte mit dem Beginn der Fischereisaison und wurde nach dem Auftauen des Wattenmeeres kurzfristig bekannt gegeben.

☐ C: Der Gerichts- und Tanztag konnte verschoben werden, etwa wenn das ausgelassene Feiern sonst in die Fastenzeit gefallen wäre.

☐ D: Der Termin richtete sich nach dem ersten Frühjahrsvollmond, sodass das Fest meist mehrere Wochen nach der Biike stattfand.

73.) Welcher Hauptfaktor stand hinter dem historischen Zusammenbruch der Europäischen Austernbestände, die auch bei Sylt genutzt wurden?

☐ A: Durch sinkenden Salzgehalt konnten sich die Larven in der Bucht nicht mehr entwickeln, während erwachsene Tiere zunächst überlebten.

☐ B: Eine aus südlichen Zuchtgebieten eingeschleppte Parasitenkrankheit schädigte die Tiere und machte einen Ersatz der betroffenen Zuchtbestände erforderlich.

☐ C: Intensivierte Befischung verringerte die Zahl großer, fruchtbarer Tiere und entfernte zugleich Schalenmaterial, auf dem sich junge Austern bevorzugt ansiedeln.

☐ D: Aus benachbarten Flussmündungen eingetragenes Feinmaterial überdeckte die natürlichen Bänke und unterband die Wasserfilterung der sesshaften Tiere.

74.) Welche Mittel werden im Westerländer Wasserwerk zur Aufbereitung des Sylter Trinkwassers verwendet?

☐ A: Das Rohwasser wird mit gefilterter Luft behandelt und passiert Juraperle, ein Aufbereitungsmaterial, das aus Calciumcarbonat besteht.

☐ B: Ultraviolettlicht dient zur Desinfektion; anschließend entfernt ein Aktivkohlefilter die verbliebenen organischen Stoffe aus dem geförderten Rohwasser.

☐ C: Aktivkohle und Ozon bilden die wesentlichen Aufbereitungsschritte, bevor gelöste Salze durch eine nachgeschaltete Membran zurückgehalten werden.

☐ D: Zunächst wird das Rohwasser durch Ionenaustauscher enthärtet; ein nachgeschalteter Ozonkontaktbehälter übernimmt dann den Abbau organischer Bestandteile.

75.) Welches Herstellungsverfahren gibt dem Bier Sylter Hopfen seine besondere Verbindung zur Schaumweinherstellung?

☐ A: Das fertig gebraute Bier wird mit Weißwein verschnitten und anschließend gemeinsam in einem druckfesten Stahltank ausgebaut.

☐ B: Die Würze reift in gebrauchten Weinfässern und erhält ihre Kohlensäure anschließend durch eine dosierte Zugabe unter Druck.

☐ C: Vor dem Ausschank setzt man dem Bier Traubenmost zu, dessen natürliche Säure die hopfenbetonte Grundmischung verändert.

☐ D: Einer ersten Biergärung folgt eine weitere Gärung mit besonderer Hefe in der Flasche; danach wird der Hefesatz entfernt.

76.) Welche Inhalte vermittelt der Erlebnispfad rund um den Wenningstedter Dorfteich?

☐ A: Die Tafeln erzählen von historischen Häusern am Ufer und erklären anhand alter Bauzeichnungen die Entwicklung der örtlichen Dachformen.

☐ B: Mit Karten und Schiffsmodellen erläutert die Anlage frühere Fährverbindungen und zeigt, wie sich die Sylter Anreisewege verändert haben.

☐ C: Im Mittelpunkt stehen traditionelle Handwerkstechniken, die Besucher anhand von Werkzeugabbildungen und kleinen Materialproben aus den Inseldörfern kennenlernen.

☐ D: Er stellt Tiere und Pflanzen am Gewässer vor; interaktive Elemente helfen unter anderem dabei, typische Vogelrufe zu erkennen.

77.) Warum ist die kleine Insel Uthörn im Sylter Königshafen besonders geschützt?

☐ A: Sie bewahrt alte Austernbänke, deren Tiere für den Wiederaufbau der gewerblichen Sylter Austernfischerei genutzt werden.

☐ B: Die Insel bietet Meeresvögeln störungsarme Plätze zum Brüten und Rasten und liegt im Nationalpark Wattenmeer.

☐ C: Das Schutzgebiet erhält eine archäologische Fundfläche, deren ehemalige Hafenanlagen bei außergewöhnlich niedrigen Wasserständen sichtbar werden.

☐ D: Dort wird die natürliche Entwicklung ungenutzter Schafweiden untersucht, um geeignete Beweidungsverfahren für das Listland zu erproben.

78.) Wie lässt sich die Klöntür eines traditionellen Sylter Hauses öffnen?

☐ A: Die obere Hälfte öffnet sich unabhängig von der unteren; damit bleiben Gespräche und Luftaustausch bei geschlossenem unteren Abschluss möglich.

☐ B: Die beiden nebeneinanderliegenden Flügel schwenken getrennt nach innen, sodass für Gespräche normalerweise der schmalere Seitenflügel geöffnet wird.

☐ C: Eine kleine Klappe innerhalb eines ungeteilten Türblatts wird aufgeklappt und verbindet den geschlossenen Hauseingang mit dem Außenraum.

☐ D: Das vollständige Türblatt verschiebt sich seitlich hinter eine feste Brüstung, die als eigener Bauteil vor dem Hauseingang stehen bleibt.

79.) Welches Gebäude beherbergt seit 2013 die Arche Wattenmeer in Hörnum?

☐ A: Die Ausstellung zog in die frühere katholische Kirche St. Josef ein und nutzt deren Innenraum für die Naturbildung.

☐ B: Das ehemalige Schulhaus des Ortes wurde umgebaut und erhielt für die Ausstellung einen neuen Flügel mit Aquarien.

☐ C: Ein ausgedientes Kurhaus mit Veranstaltungssaal wurde zum Nationalparkhaus umgestaltet; seine Terrasse dient als Ausgangspunkt für Exkursionen.

☐ D: Für die Ausstellung nutzte man einen früheren Hafenspeicher, dessen Obergeschoss einst der Lagerung von Fischereigerät diente.

80.) Welche Bestattungsform verkörpert der Denghoog bei Wenningstedt?

☐ A: Verbrannte menschliche Überreste standen in Urnen rings um einen zentralen, frei aufgerichteten Gedenkstein.

☐ B: Der Hügel bedeckte ein einzelnes Baumstammgrab, dessen Holzwände durch eine äußere Steinpackung gestützt wurden.

☐ C: Eine über einen Gang zugängliche Grabkammer aus großen Steinen wurde über längere Zeit wiederholt für mehrere Bestattungen genutzt.

☐ D: Die Toten wurden einzeln in kleinen Steinkisten beigesetzt, die unter einem gemeinsamen Langhügel lagen.

81.) Warum erscheinen am Morsum-Kliff ursprünglich übereinanderliegende Sedimente heute streckenweise nebeneinander?

☐ A: Druck vorrückenden Gletschereises verschob ältere Schichten zu Schollen und stellte sie aus ihrer ursprünglich annähernd waagerechten Lage schräg auf.

☐ B: Aufsteigende Salzschichten wölbten den Untergrund auf und kippten die darüberliegenden Ablagerungen zu beiden Seiten.

☐ C: Die Brandung sortierte unterschiedlich schwere Körner und schüttete daraus seitlich benachbarte, verschiedenfarbige Strandwälle auf.

☐ D: Ein absinkender Meeresboden zerlegte die Ablagerungen in gegeneinander versetzte Blöcke entlang tief reichender Bruchflächen.

82.) Was geschieht beim Sylter Maskenlaufen am Silvesterabend?

☐ A: Die Dorfgemeinschaft führt ein Maskenspiel auf dem Dorfplatz auf und versteigert anschließend die selbst angefertigten Kostüme.

☐ B: Familien tauschen an ihren Haustüren geschnitzte Gesichtsmasken, die im kommenden Jahr als Glücksbringer im Haus hängen.

☐ C: Verkleidete Paare tanzen schweigend durch den Ort; die Bewohner hängen ihnen bunte Bänder an die Kleidung.

☐ D: Verkleidete Gruppen ziehen von Tür zu Tür, tragen Lieder oder Verse vor und erhalten dafür kleine Gaben.

83.) Was können Gäste in der Sylter Schokoladenmanufaktur in Tinnum unmittelbar beobachten?

☐ A: Eine Fensterfront im Verkaufsbereich gibt Einblick in die Arbeit der Konditorei und ihre Herstellung süßer Spezialitäten.

☐ B: Besucher verfolgen durch ein Schaufenster, wie Zucker gekocht und anschließend zu bunten Bonbons gezogen wird.

☐ C: In einer kleinen Rösterei werden rohe Kakaobohnen geröstet, deren Herkunft bei Verkostungen verglichen wird.

☐ D: Eine offene Backstube zeigt das traditionelle Ausformen von Brotlaiben, die danach im Steinofen gebacken werden.

84.) Was können Gäste an der Forscherbank des 2025 erneuerten Naturzentrums Braderup tun?

☐ A: An einem Gezeitenmodell stellen sie den Mondlauf nach und fluten anschließend die begehbare Nachbildung des Rantumer Beckens.

☐ B: Die Station ermöglicht das Steuern einer Unterwasserkamera, mit der Gäste die Tiere eines vorgelagerten Austernriffs unmittelbar beobachten.

☐ C: Sie untersuchen kleine Naturfunde mit Mikroskopen und erschließen sich dadurch Einzelheiten, die beim bloßen Betrachten leicht verborgen bleiben.

☐ D: Mithilfe einer Wellenrinne erproben sie Küstenschutzmodelle und messen, wie unterschiedliche Buhnenstellungen den Transport von Sand verändern.

85.) Welche Umgebung prägt die Spielbahnen des Golf-Clubs Sylt?

☐ A: Braderuper Heide und Wattenmeer gehören zur Kulisse; außerdem ist der schwarz-weiße Kampener Leuchtturm vom Platz aus sichtbar.

☐ B: Der Platz liegt am Hörnumer Hafen; von seinen Abschlägen sieht man den roten Leuchtturm über den Häusern.

☐ C: Die Spielbahnen führen durch die eingedeichten Wiesen der Nössemarsch und liegen unmittelbar neben dem Morsumer Bahnhof.

☐ D: Zwischen den Lister Wanderdünen erstrecken sich die Bahnen, deren nördliche Schleife bis an den Königshafen reicht.

86.) Welche Einnahmen finanzierten viele historische Kapitänshäuser in Keitum?

☐ A: Einnahmen aus großen Sylter Reedereien kamen zusammen, deren Hochseeschiffe überwiegend in Keitum gebaut und ausgerüstet wurden.

☐ B: Der frühe Kurbetrieb bescherte den Kapitänen Gewinne aus Ferienzimmern, lange bevor Westerland als Seebad bekannt wurde.

☐ C: Die Bauherren erhielten für ihre Arbeit als Hafenlotsen hohe Gebühren, die der örtliche Schiffsverkehr regelmäßig einbrachte.

☐ D: Erfolgreiche Seefahrer brachten insbesondere aus dem Walfang Vermögen mit, das sie in repräsentative Wohnhäuser investierten.

87.) Was kennzeichnet das Bildungskonzept der Akademie am Meer in Klappholttal?

☐ A: Erwachsene lernen, wohnen und begegnen sich am selben Ort; künstlerische, naturkundliche und weitere Seminare verbinden sich mit einem Aufenthalt in den Dünen.

☐ B: Die Einrichtung bildet in mehrjährigen Vollzeitkursen hauptberufliche Meeresforscher aus und verknüpft Laborsemester mit Prüfungen für einen Hochschulabschluss.

☐ C: Als Fachschule vermittelt sie angehenden Küstenhandwerkern verbindliche Lehrpläne, wobei praktische Gesellenprüfungen den Schwerpunkt des gemeinsamen Wohnens bilden.

☐ D: Das Haus organisiert vorwiegend Sprachprüfungen für internationale Austauschgruppen und dient außerhalb der Prüfungstage als Unterkunft für deren Lehrkräfte.

88.) Welche frühere Verkehrsfläche nutzen Radfahrende zwischen Hörnum und Rantum durch die Dünen?

☐ A: Abschnitte der ehemaligen Inselbahntrasse wurden zum Radweg; dadurch lässt sich die Dünenlandschaft abseits der Fahrbahn durchqueren.

☐ B: Als Küstenschutzweg angelegt, verband die Strecke ursprünglich die Materiallager für Buhnenarbeiten und wurde später für den Radverkehr freigegeben.

☐ C: Ein historischer Postkutschenweg bildet die Grundlage der Route; seine befestigten Fahrspuren blieben nach dem Wechsel zum Bahnverkehr erhalten.

☐ D: Die alte Fahrbahn der Inselstraße wurde nach deren Verlegung zum Radweg ausgebaut; ihre Kurven führen heute durch die Dünen.

89.) Warum besitzt das Seegebiet westlich von Sylt besondere Bedeutung für Schweinswale?

☐ A: Das Gebiet ist vor allem ein Durchgangskorridor auf der Wanderung zu fernen Geburtsplätzen im offenen Atlantik.

☐ B: Die Tiere suchen das Gebiet hauptsächlich zur herbstlichen Paarung auf; die anschließende Aufzucht der Kälber erfolgt in geschützten Flussmündungen.

☐ C: Es dient als Nahrungsgebiet und Kinderstube; besonders viele Muttertiere bringen hier ihre Kälber zur Welt und ziehen sie auf.

☐ D: Das flache Wasser dient überwiegend als Winterquartier; während der Fortpflanzungszeit verlassen die Tiere diesen Bereich zugunsten tieferer Seegebiete.

90.) Welche Landschaftskombination prägt das Listland im nördlichen Teil Sylts?

☐ A: Ein ausgedehntes Geestplateau mit Ackerflächen fällt an seiner Ostseite als mehrfarbiges Kliff zum Watt ab.

☐ B: Dünenzüge, Heideflächen und küstennahe Salzwiesen bilden ein Mosaik zwischen offener Nordsee und Wattenmeer.

☐ C: Flache, eingedeichte Wiesen liegen zwischen alten Warften und einem nahezu geraden, künstlich befestigten Außendeich.

☐ D: Ein großes Wasserbecken hinter einem umlaufenden Deich wird von Schilfröhrichten und flachen Rastinseln durchzogen.

91.) Welche sichtbare Bauform kennzeichnet die Tinnumburg in den Sylter Wiesen?

☐ A: Ein mächtiger ringförmiger Erdwall umschließt eine offene Innenfläche; die gesamte Anlage misst ungefähr 120 Meter im Durchmesser.

☐ B: Das Gelände bildet ein rechteckiges Plateau, an dessen Rand noch Fundamente einer Backsteinmauer verlaufen.

☐ C: Mehrere konzentrische Gräben umgeben einen flachen Hügel, auf dessen Spitze eine einzelne Steinsäule steht.

☐ D: Ein länglicher Hügel bedeckt eine Reihe kleiner Steinkammern, deren Eingänge sich zur gleichen Seite öffnen.

92.) Weshalb wurden historische Keitumer Grabsteine bei der Restaurierung mit Metallständern vom Erdboden abgehoben?

☐ A: Man wollte die Steine an tieferen Fundamenten befestigen und durch die starren Rahmen ihre Widerstandsfähigkeit gegen Winddruck erhöhen.

☐ B: Die erhöhte Aufstellung verbessert den Blickwinkel auf die Inschriften und erleichtert dadurch deren Betrachtung von den Friedhofswegen.

☐ C: Dadurch verlagert sich das Gewicht auf den Metallrahmen, sodass gebrochene Schriftplatten ohne Verbindung ihrer Bruchflächen zusammengehalten werden können.

☐ D: Der Abstand zum Untergrund vermindert die Aufnahme von Bodenfeuchtigkeit und erleichtert das Ablaufen von Regenwasser an den Steinen.

93.) Welches Sylter Restaurant erhielt 2004 unter Johannes King seinen zweiten Michelin-Stern?

☐ A: Die Fährhausküche in Munkmarsch wurde prämiert, nachdem King dort die Leitung des Küchenteams übernommen hatte.

☐ B: In Kampen erhielt die Sturmhaube die Auszeichnung für Kings dort entwickeltes Menü aus regionalen Produkten.

☐ C: Der Söl'ring Hof in Rantum wurde ausgezeichnet, dessen Küche King seit der Jahrtausendwende entscheidend prägte.

☐ D: Im Landhaus Stricker in Tinnum wurde die von King geleitete Restaurantküche mit dieser zweiten Auszeichnung bedacht.

94.) Wo befindet sich die Westerländer Musikmuschel?

☐ A: Das Bauwerk steht zwischen Bahnhof und Fußgängerzone, wo seine überdachte Bühne den Vorplatz für Straßenkonzerte erschließt.

☐ B: Am südlichen Ende des Orts liegt sie hinter dem Südwäldchen, eingebettet in eine windgeschützte Senke zwischen hohen Dünen.

☐ C: Sie bildet den offenen Gartenflügel des alten Kurhauses und richtet ihre Bühne auf einen von Bäumen umschlossenen Innenhof aus.

☐ D: Die offene Konzertbühne steht mitten auf der Strandpromenade unmittelbar vor dem Hauptstrand und der offenen Nordsee.

95.) Wozu dienen die künstlichen Inseln im Rantumbecken?

☐ A: Sie bieten bodenbrütenden Wasservögeln zusätzliche Nistplätze, die durch umgebendes Wasser besser gegen manche Nesträuber geschützt sind.

☐ B: Als bewachsene Filterinseln entziehen sie dem Wasser Nährstoffe und ersetzen die frühere technische Wasseraufbereitung.

☐ C: Die Aufschüttungen bieten überwinternden Gänsen nährstoffreiche Futterflächen, die dafür regelmäßig eingesät und landwirtschaftlich gepflegt werden.

☐ D: Die Aufschüttungen lenken die Strömung auf den Hafen und halten dadurch dessen Zufahrt zwischen den Gezeiten frei.

96.) Wie bewegen sich die Wanderdünen bei List?

☐ A: Sie verlagern sich überwiegend nach Norden, weil Sand entlang des Küstenstreifens bis zum Ellenbogen weiterwandert.

☐ B: Der vorherrschende Westwind trägt Sand über den Dünenkamm und lässt die Sandberge allmählich ostwärts wandern.

☐ C: Ihre sichtbare Verlagerung entsteht durch abschnittsweisen Küstenabbruch; innerhalb der Dünen bleibt der Sand weitgehend am selben Ort.

☐ D: Die Dünen wachsen hauptsächlich in die Höhe, weil ihre Pflanzendecke den Flugsand bindet und eine seitliche Verlagerung verhindert.

97.) Wie gelangen Kraftfahrzeuge über die feste Verbindung zwischen Sylt und dem Festland?

☐ A: Die Verbindung besitzt eine mautpflichtige Fahrspur, deren Nutzung nach den Wasserständen im Watt geregelt wird.

☐ B: Eine schmale Fahrbahn neben den Gleisen wird für den Autoverkehr abwechselnd je Fahrtrichtung freigegeben.

☐ C: Sie werden auf Eisenbahnwagen verladen und mit Autozügen zwischen Niebüll und Westerland auf der Schienenverbindung durch das Wattenmeer transportiert.

☐ D: Am Festland wechseln Reisende in Pendelbusse, während ihre Wagen getrennt über eine Betriebsstraße überführt werden.

98.) Wie wird bei Sylter Strandaufspülungen das zusätzliche Material an die Küste gebracht?

☐ A: Lastschiffe legen am Strand an und setzen beladene Container ab, die Raupen anschließend strandparallel entleeren.

☐ B: Bagger vertiefen unmittelbar vor dem Strand einen Graben und werfen den Aushub über die Brandungszone hinweg.

☐ C: Aus benachbarten Dünen wird trockener Sand abgesaugt und über mobile Förderbänder bis an die Wasserlinie gebracht.

☐ D: Ein Saugbaggerschiff gewinnt Sand am Meeresboden und pumpt ein Sand-Wasser-Gemisch durch Leitungen an den Strand.

99.) Welches Kliff bildet die markante Küstenkante der Braderuper Heide?

☐ A: Hier begrenzt das Morsum-Kliff die höher gelegenen Flächen; verschiedenfarbige Erdschichten werden an seinem steilen Küstenhang sichtbar.

☐ B: Am Rand liegt das Rote Kliff, dessen eiszeitliche Ablagerungen dort als lang gestreckte Steilkante über dem Strand aufragen.

☐ C: Das Weiße Kliff prägt diesen Küstenabschnitt; seine hellen Hänge liegen zwischen der höher gelegenen Vegetation und dem Wattstrand.

☐ D: Die Geländestufe gehört zum Keitumer Kliff, das an dieser Stelle einen niedrigen, bewachsenen Übergang zum Watt bildet.

100.) Welche Bauweise kennzeichnet den Leuchtturm List West?

☐ A: Der Betonschaft trägt eine außen angesetzte Wendeltreppe, über die das Personal zur verglasten Laterne gelangt.

☐ B: Der Turm wurde aus gusseisernen Bauteilen zusammengesetzt und gehört zu den frühen deutschen Leuchttürmen dieser Bauart.

☐ C: Ein genieteter Stahlmantel umschließt ein tragendes Holzgerüst, wie es für frühe Leuchtbaken an Sandküsten üblich war.

☐ D: Sein gemauerter Schaft besteht aus gelben Backsteinen, die später zum Schutz vor Salzwasser weiß verputzt wurden.

Lösungen

Lösung 1: B – Die Uwe-Düne entstand durch Ablagerung windverfrachteten Sandes. Sie erreicht etwa 52,5 Meter über dem Meeresspiegel und ist Sylts höchste natürliche Erhebung. Ihr Standort liegt bei Kampen. Eine Holztreppe mit 109 Stufen führt zur Aussichtsplattform. Von dort lässt sich die Insel besonders gut überblicken. Der Dünensand entstand als Auflagerung nach der eiszeitlichen Prägung des Untergrundes. Das nahe Rote Kliff dagegen ist eine durch Meeresabtrag entstandene Steilkante. Windablagerung und Küstenabbruch haben hier auf engem Raum sehr unterschiedliche Landschaftsformen geschaffen.

Lösung 2: B – Die „Reisenden Riesen im Wind" zeigen eine Familie, die sich gegen den Inselwind behauptet. Martin Wolke entwarf das Ensemble für die Neugestaltung des Bahnhofsgeländes. Seit 2001 steht es am Westerländer Bahnhof. Die Figuren sind auffällig grün gefärbt. Ihre Köpfe sind verdreht und ihre Körperproportionen bewusst ungleichmäßig gestaltet. Der Entwurf ging aus einer Ausschreibung hervor. Anfangs löste das Kunstwerk erhebliche Diskussionen aus; inzwischen zählt es zu den bekannten Fotomotiven und Wahrzeichen der Insel.

Lösung 3: C – Der Jöölboom besteht aus einem kleinen Holzgestell mit grünem Kranz und figürlichem Schmuck. Er gehört zur nordfriesischen Weihnachtstradition. Auf Föhr und Amrum heißt eine entsprechende Form Kenkenbuum. Zum Schmuck können Adam und Eva unter einem Baum gehören. Auch Tiere werden dargestellt; die Figuren besitzen symbolische Bedeutungen. Äpfel und andere Naturprodukte ergänzen manche Ausführungen. Vier Kerzen kamen im Zusammenhang mit der Adventskranztradition hinzu. Die Sölring Foriining pflegt den Brauch durch Kranzbinden und Salzteigwerkstätten; moderne künstlerische Varianten greifen seine Grundform auf.

Lösung 4: B – Nielönn leitet sich von „Nii Lön", also Neuland, ab. Das etwa 64 Hektar große Vorland reicht von der Geestkante nördlich Kampens bis zur Vogelkoje. Es wurde 1979 als Naturschutzgebiet ausgewiesen. Nach Aufgabe der Bewirtschaftung breiteten sich in höheren Bereichen Schilfröhrichte aus. An den Dünenfüßen tritt Süßwasser aus; dort wachsen unter anderem Wollgräser. Im Herbst rasten viele Ringelgänse und Enten. Das empfindliche Schutzgebiet darf nicht betreten werden und wird von der Sölring Foriining betreut.

Lösung 5: A – Die nächtliche Unterbringung außerhalb der Heide unterstützt den Austrag von Nährstoffen aus den beweideten Flächen. Die Herde nimmt tagsüber Gräser und andere Pflanzen auf. Das Abfressen hilft, die Heide offen zu halten. Für diese Landschaftspflege werden robuste Fjordlandschafe eingesetzt. Die Tiere gehören zur norwegischen Rasse Norsk Spaelsau. Die Weideflächen wechseln innerhalb der Saison. Zu ihren Einsatzgebieten gehört die Braderuper Heide; die Arbeit der Herde ergänzt dort weitere Maßnahmen zur Pflege des Lebensraums.

Lösung 6: C – Sölviin wird aus Solaris gekeltert. Die Reben wachsen in Keitum nahe der Kirche St. Severin. Die ersten 2.700 Rebstöcke wurden am 20. Mai 2009 gepflanzt. Solaris wurde wegen ihrer schnellen Reife und Pilzwiderstandsfähigkeit gewählt; Erfahrungen dänischer Kollegen bestärkten diese Entscheidung. Der Anbau erfolgt ökologisch. Nach Schwierigkeiten mit dem Wind errichtete man 2011 ein Erziehungssystem für die Reben. Im Jahr 2018 kamen auf einer benachbarten Fläche weitere 6.000 Pflanzen hinzu.

Lösung 7: C – Die Abschiedsdeutung wurde um 1830 von Christian Peter Hansen ausgestaltet. Ein lückenlos belegter Ursprung des Brauchs als uraltes Abschiedsritual ist daraus nicht abzuleiten. Heute wird die Biike am 21. Februar gefeiert; die Festlegung dieses Datums setzte sich erst gegen Ende des 19. Jahrhunderts durch. Ältere Beschreibungen erwähnen brennende Tonnen auf Stangen. Als Sinnbild des Winters kann eine Strohpuppe auf dem Holzstoß stehen. Auch friesische Sprache und gemeinsames Feiern gehören zum Brauch. Seit 2014 steht das Biikebrennen im bundesweiten Verzeichnis des immateriellen Kulturerbes.

Lösung 8: B – Das Sylter Trinkwasser stammt aus einer durch Niederschläge gespeisten Süßwasserlinse im Inselkern. Die Förderung konzentriert sich auf die Inselmitte. Die Brunnen erschließen Wasser in etwa 25 bis 45 Metern Tiefe. Beobachtungsbrunnen kontrollieren die Höhe des Grundwasserspiegels. Wasserproben dienen der Qualitätsüberwachung. Bei der Aufbereitung werden Calciumcarbonat und gefilterte Luft eingesetzt. Die Entnahme muss zum natürlichen Nachschub passen, damit die nutzbare Substanz des unterirdischen Reservoirs langfristig erhalten bleibt.

Lösung 9: D – Der um 1450 entstandene Turm gehört zur Spätgotik; Schiff, Chor und Apsis sind älter und romanisch geprägt. Die Kirche wird 1240 erstmals urkundlich erwähnt. In den älteren Mauern finden sich Granitquader, rheinischer Tuff und Backstein. Der Chor ist schmaler als das Schiff und endet in einer halbrunden Apsis. Die Dächer dieser älteren Teile sind mit Blei gedeckt, der Turm besitzt ein Ziegeldach. Unterschiedliche Schmuckfriese gliedern die Außenwände. Der erhöhte Standort machte den Bau außerdem zu einer gut sichtbaren Landmarke für die Schifffahrt.

Lösung 10: B – Während der sommerlichen Überflutungen 2024 nutzten Sylter Naturschützer sandgefüllte Kisten als Rettungsinseln für Gelege und Küken. In einigen schlüpften sogar während der Flut junge Zwergseeschwalben. Die Kolonie am Ellenbogen liegt innerhalb einer geschützten Strandinsel. Elektrozäune helfen dort gegen Füchse. Die gut getarnten Bodennester sind außerdem durch Spaziergänger und Hunde gefährdet. Im Frühjahr 2025 wurden Vogelattrappen an höher gelegenen Plätzen aufgestellt. Dazu erklangen Koloniegeräusche aus Lautsprechern; Sylter Schülerinnen und Schüler hatten die Attrappen bemalt.

Lösung 11: D – St. Niels übernahm Baumaterial und Inventar der Eidumer Vorgängerkirche. Granitblöcke gelangten unter anderem in die Nordwand. Das neue Gotteshaus wurde 1637 geweiht und war anfangs deutlich kleiner. „Niels" ist eine Kurzform von Nikolaus, dem Schutzpatron der Seeleute. Die Kirche wurde im frühen 18. Jahrhundert zweimal erweitert. Ihr heutiger Turm entstand 1875. Der spätgotische Altar zeigt die Krönung Marias und stammt etwa aus der Zeit um 1475. Auch das alte Prozessionskreuz bewahrt die Verbindung zur früheren kirchlichen Ausstattung.

Lösung 12: B – Nach dem Biikefeuer wird auf Sylt häufig Grünkohl „mit alles" gegessen. Dazu passen Bratkartoffeln sowie Kassler, Kochwurst und Schweinebacke. Klassisch folgt ein Aquavit. Der Abend beginnt vielerorts mit einem Fackelumzug; manchmal begleitet ihn eine Musikkapelle. Erst ein friesischer Ausruf gibt das Zeichen zum Entzünden. Warmer Punsch gehört zum Aufenthalt am Feuer. Das gemeinsame Essen verlängert anschließend das Zusammensein in der Wärme. Am Folgetag, dem Petritag, stehen besonders Musik und Tanz im Mittelpunkt.

Lösung 13: A – Der Syltlauf verbindet List im Norden mit Hörnum im Süden und führt damit weit über die Insel. Die Veranstaltung wird vom Verein Tinnum 66 organisiert. Sie findet traditionell im März statt. Zur Strecke gehört die Westerländer Promenade. Unterwegs werden auch Kampen und Wenningstedt passiert. An Versorgungsstellen erhalten die Teilnehmenden Getränke. Neben Einzelläufen gibt es Staffelwettbewerbe; die langen Abschnitte in offener Landschaft machen Wind zu einem wichtigen Faktor.

Lösung 14: B – Emil Nolde nutzte im Haus Kliffende einen ehemaligen Heuboden als Atelier, als sein Festlandhaus renoviert wurde. Die Gastgeberin Clara Tiedemann war zuvor Schauspielerin gewesen. Ihr Mann Heinrich arbeitete als Buchhändler und Antiquar. Das Haus entwarf der Architekt Walther Baedeker. Auch Thomas Mann verbrachte dort einen Aufenthalt. Viele Gäste kamen auf persönliche Empfehlung. Tiedemann verkaufte das Anwesen 1955 und verarbeitete ihre Erinnerungen später in dem Buch „Kampener Skizzen".

Lösung 15: D – In der Sylt4Fun-Halle lassen sich unter anderem Bouldern, Trampolinspringen, Fußball und Basketball ausprobieren. Rollern und Skaten gehören ebenfalls dazu. Sie ist einer von zwei Sylt4Fun-Standorten in Wenningstedt. Die Arena liegt dagegen draußen am Strandübergang Risgap. Dort gibt es Angebote auf Strandsand, etwa Beachsoccer und eine Slackline. Im Außenbereich der Halle wird außerdem Padel gespielt. Die Trennung zwischen Halle und Arena schafft sowohl wettergeschützte Bewegung als auch Freizeitangebote unmittelbar am Strand.

Lösung 16: D – Durch zunehmende Sandablagerung verlor der Königshafen nutzbare Wassertiefe. Die geschützte Bucht liegt nördlich von List und südlich des Ellenbogens. Nach Osten öffnet sie sich zum Wattenmeer. Eine schmale Landverbindung trennt ihren westlichen Teil von der offenen Nordsee. In der Bucht liegt die kleine unbewohnte Insel Uthörn. Der Königshafen ist heute ein Gebiet aus Wattflächen, Prielen und angrenzenden Küstenlebensräumen. Seine Sedimente werden auch wissenschaftlich untersucht, etwa anhand von Bohrkernen, mit denen sich die Anlagerung feinen Materials rekonstruieren lässt.

Lösung 17: B – Die Höhenlage bestimmt, wie oft und wie lange Meerwasser die Salzwiese erreicht. Die tiefste Pionierzone wird sehr häufig überspült; dort wachsen beispielsweise Queller und Schlickgras. Höher folgt häufig die Andelzone, noch weiter landwärts können Rotschwingelbestände auftreten. Sie säumen große Teile der Wattenmeerküste. Zwischen Rantum und Hörnum liegen besonders eindrucksvolle Sandsalzwiesen. Strandflieder, Strandnelke und Strandbeifuß gehören ebenfalls zur dortigen Pflanzenwelt. Beweidung und kleine Bodenunterschiede verändern das örtliche Vegetationsmosaik zusätzlich.

Lösung 18: C – An einem Sylter Strand wurde die Friedhofsszene für „Nosferatu – Eine Symphonie des Grauens" aufgenommen. Der Stummfilm erschien 1922. Regie führte Friedrich Wilhelm Murnau, das Drehbuch schrieb Henrik Galeen nach Motiven von Bram Stokers „Dracula". Max Schreck verkörperte Graf Orlok. Die Filmhandlung verbindet Aufnahmen verschiedener Orte: Wismar und Lübeck lieferten städtische Schauplätze, die slowakische Arwaburg das Schloss. Innenaufnahmen entstanden in Berlin-Johannisthal. Die wirkungsvoll eingesetzten Außenlandschaften gehören zu den auffälligen Gestaltungsmitteln des Films.

Lösung 19: B – Traditionelle Friesenwälle verbinden aufgeschichtete Feldsteine mit einem Erdkern und gehören zu den Trockenmauern. Sie dienten als Abgrenzung von Höfen und Feldern. Die unteren Steinlagen bestehen häufig aus größeren Stücken. Nach oben verjüngt sich die Konstruktion. Rasensoden können zwischen den Steinen Halt schaffen. Die Krone lässt sich bepflanzen. Auf Sylt gehören solche Einfriedungen zum Bild vieler Gärten; durch ihre unregelmäßigen Natursteine unterscheiden sie sich sichtbar von gleichförmigem Ziegelmauerwerk.

Lösung 20: C – Antje Otto verlegte ihr Glasatelier im Januar 2015 von Malente in den Keitumer Bahnhof. Selbständig arbeitet sie seit 2011. Ihre Ausbildung zur Glas- und Porzellanmalerin absolvierte sie von 2001 bis 2004 in Hadamar. Bei WestphalGlas lernte sie die Bearbeitung von Hohlglas vor der Flamme kennen. Später erwarb sie den Meistertitel und einen Abschluss in Glasgestaltung. Sie nutzt unter anderem Glasmalerei und das Verschmelzen von Glas, das Fusing genannt wird. Zu ihren Arbeiten gehören Reliefschalen und Gebrauchsgläser.

Lösung 21: B – Die Forschungen in Archsum gehörten zum Nordseeküstenprogramm und verbanden archäologische Befunde mit naturwissenschaftlichen Methoden. Georg Kossack war ein Wegbereiter dieses Ansatzes. Sein Team untersuchte eisenzeitliche und kaiserzeitliche Siedlungsplätze. Ein Foto dokumentiert die Arbeiten in Archsum 1969. Kossack lehrte zunächst in Kiel und wechselte 1974 nach München. Er förderte Archäobotanik, Archäozoologie und Radiokohlenstoffanalysen. Pflanzenreste, Tierknochen und Datierungen helfen dabei, Ernährung, Wirtschaftsweise und zeitliche Entwicklung früherer Siedlungen gemeinsam zu untersuchen.

Lösung 22: C – Puan Klent ist eine Jugendbegegnungs- und Bildungsstätte zwischen Rantum und Hörnum. Das Dünendorf liegt in einem Naturschutzgebiet unmittelbar am Wattenmeer. Ein Fußweg durch die Dünen führt zum Weststrand. Träger ist eine Hamburger Stiftung; willkommen sind Gäste aus allen Bundesländern. Schulklassen, Sportgruppen und Familien gehören zu den Besuchergruppen. Die Schutzstation Wattenmeer bietet dort Wattwanderungen und ein Wattlabor an. Das Spendenprojekt Inselherzen ermöglicht auch Kindern aus finanziell benachteiligten Familien einen Aufenthalt.

Lösung 23: D – Die „Sylter Novelle“ blieb ein Fragment. Storm reiste 1887 auf die Insel, im Jahr seines 70. Geburtstags. Damals lebte er bereits seit 1880 in Hademarschen. 1887 erschien außerdem seine Novelle „Ein Bekenntnis“. An „Der Schimmelreiter“ arbeitete er seit 1886; dieses Werk vollendete er 1888. Storm starb am 4. Juli desselben Jahres. Drei Tage später wurde er in der Familiengruft auf dem St.-Jürgen-Friedhof in Husum beigesetzt. Das unvollendete Sylter Projekt gehört damit in seine letzte Schaffensphase.

Lösung 24: B – 1919 richtete die Deutsche Luftreederei eine Linienverbindung von Berlin über Hamburg nach Sylt ein. Die ersten Flüge fanden saisonal im Sommer statt. Die damaligen Flugzeuge konnten lediglich drei bis fünf Personen befördern. Bereits 1925 wurden 2.560 Fluggäste gezählt. Ende der 1920er Jahre wurde die Flugplatzfläche erweitert. 1990 entstand ein neues Abfertigungsgebäude mit integriertem Kontrollturm. Der Flughafen liegt im Ortsteil Tinnum und trägt den internationalen IATA-Code GWT.

Lösung 25: A – Das Altfriesische Haus zeigt historische Sylter Wohn- und Haushaltskultur in einem ehemaligen Wohngebäude. Es liegt am Kliff in Keitum. Zu den anschaulichen Elementen gehören die Alkoven als Schlafnischen. Der Pesel war ein besonderer Raum für repräsentative Anlässe. Mangelbretter erinnern an die Arbeit mit Haushaltswäsche. Löffelbretter dienten der Aufbewahrung des Esswerkzeugs. Wachsstockhalter veranschaulichen den sparsamen Umgang mit Beleuchtung, als Kerzenlicht im Haus noch zum Alltag gehörte.

Lösung 26: B – Die Stationen des Sylter Walpfads verteilen sich entlang des Weststrands und am Königshafen in List. Insgesamt vermitteln 22 interaktive Pulte und Stelen Naturwissen. Das Angebot entstand gemeinsam mit örtlichen Naturschutzverbänden und der Nationalparkverwaltung in Tönning. Von Westerland aus lassen sich eine Nord- und eine Südtour unternehmen. Die südliche Route beginnt an der Himmelsleiter und reicht bis zur Hörnumer Odde. Neben Schweinswalen behandeln die Stationen auch Robben, Seevögel und Küstenschutz. Bei ruhiger See bestehen entlang des Weststrands gute Möglichkeiten, Schweinswale vom Land aus zu entdecken.

Lösung 27: C – Beim Sylter Eierwerfen kam es darauf an, welches Ei die Würfe am längsten unbeschädigt überstand. Für die Dörfer gab es dafür festgelegte Plätze. Gespielt wurde am Ostersonntag und Ostermontag. Nach örtlicher Überlieferung musste der Verlierer sein zerbrochenes Ei dem Sieger überlassen, der es essen durfte. Der Brauch geriet zeitweise fast in Vergessenheit. Er wird unter anderem am Keitumer und Morsumer Kliff gepflegt. Daneben gehören heute auch Ostereiersuche und Osterfeuer zum Fest auf der Insel.

Lösung 28: D – Das Hotel Stadt Hamburg besteht seit 1869 an seinem Westerländer Standort. Seine Adresse lautet Strandstraße 2 im Zentrum von Westerland. Die Einrichtung orientiert sich am englischen Landhausstil. Neben Zimmern gehören Suiten zum Haus, außerdem werden Apartments angeboten. Die Gastronomie umfasst ein Bistro sowie das Restaurant und die Bar Hardy's. Zum Hotel gehört auch ein Spa. Die lange Hotelgeschichte steht damit neben einer Ausstattung, die über Generationen weiterentwickelt wurde.

Lösung 29: C – Der Ellenbogen gehört zum privaten Listland; für motorisierte Fahrzeuge wird an der Zufahrt eine Maut erhoben. Zu Fuß und mit dem Fahrrad ist der Zugang ohne diese Straßengebühr möglich. Die Eigentümergemeinschaft geht auf die beiden alten Höfe Osthof und Westhof zurück. Auf der Landzunge liegt Deutschlands nördlichster Punkt. Zwei Leuchttürme heißen List Ost und List West. Südlich schließt sich der Königshafen an. Die Landschaft besteht aus Sandstrand, Dünen und Heide. Frei weidende Schafe gehören zum charakteristischen Bild des Gebietes.

Lösung 30: C – Sylts Geestkerne gehen auf eiszeitlich geprägten Untergrund zurück. Sie enthalten Geschiebematerial mit unterschiedlich großen Steinen. Einen solchen Kern schneidet das Rote Kliff an. Die langen Inselenden sind stärker durch jüngere Sandablagerungen geprägt, die Strömungen und Wind umlagern. Östlich der Geest schließen sich tiefer gelegene Marschflächen an. Der nacheiszeitliche Meeresspiegelanstieg veränderte die Küstenlage grundlegend. Die Geest bot früh günstige erhöhte Siedlungsplätze. Deshalb unterscheiden sich die Landschaften der breiteren Inselmitte deutlich von den schmalen Dünengebieten bei List und Hörnum.

Lösung 31: A – Die Inselbahn setzte Leichttriebwagen aus umgerüsteten Borgward-Zugmaschinen und selbst gebauten Personenaufliegern ein. Zwischen 1952 und 1954 entstanden fünf dieser Fahrzeuge. Die Werkstatt der Sylter Verkehrsgesellschaft fertigte die Auflieger. Die Bahn besaß eine Spurweite von einem Meter. Der leichte Gleisoberbau machte schwere Triebwagen problematisch. Die Fahrzeuge boten Sitz- und Stehplätze. Mit der Einstellung der Inselbahn endete 1970 auch ihr Einsatz; der Leichttriebwagen LT 4 blieb als historisches Fahrzeug erhalten.

Lösung 32: C – Die Kupferkanne liegt in einer Kiefernlandschaft an der Kampener Wattseite. Im Garten verbindet sich der Blick aufs Wattenmeer mit Kaffee aus eigener Röstung. Die Kuchen stammen aus der hauseigenen Backstube. Der Bildhauer Günter Rieck machte den Ort 1950 zu einem Künstlerlokal. Seine Arbeit mit aus Wattschlick geformten Vasen gehörte zur frühen Geschichte. Im Inneren prägen verwinkelte Gänge und kleine Räume die Atmosphäre. Die Verbindung von Künstlergeschichte, Garten und Meerblick machte das Café zu einem beständigen Sylter Treffpunkt.

Lösung 33: A – Strandhafer kann auf neuen Sandauftrag mit weiteren Wurzelstockwerken reagieren. Seine steifen Blätter bremsen den Wind und lassen Sand liegen bleiben. Die Blätter wachsen büschelig, sind dunkelgrün und häufig eingerollt. Im Sommer erscheinen dichte Blütenstände. Der ähnliche Strandroggen besitzt dagegen breitere, blaugrüne Blätter. Trittschäden können die schützende Pflanzendecke öffnen; Wind erweitert solche Lücken zu Rinnen. An Abbruchkanten verliert auch Strandhafer den Halt, wenn der Sand unter seinen Wurzeln abgetragen wird.

Lösung 34: A – Viele Sylter Seeleute arbeiteten für auswärtige Reedereien, besonders in den Niederlanden. Die Insel selbst bot mit ihrer Landwirtschaft nur begrenzte Erwerbsmöglichkeiten. Zu den historischen Tätigkeiten gehörten Handelsfahrten und Fahrten in arktische Fanggebiete. Erfahrene Seeleute konnten zu Schiffsführern aufsteigen. Während langer Abwesenheiten führten die Angehörigen die Haushalte und Landwirtschaft weiter. Die Einnahmen prägten die Wohnkultur, etwa durch mitgebrachte Fliesen und andere Einrichtungsstücke. Keitum bewahrt zahlreiche Zeugnisse dieser Seefahrtszeit. Das Altfriesische Haus zeigt historische Lebensverhältnisse aus dem 18. und 19. Jahrhundert.

Lösung 35: D – Den Fuß des Keitumer Taufsteins schmücken vier stilisierte Löwen als Träger des Beckens. Der Stein wurde um 1230 gefertigt. Als Material verwendete man Bentheimer Sandstein. Er gilt als ältestes Ausstattungsstück der Kirche. Das Becken besitzt einen Rankenfries. Zur weiteren Ausstattung gehört ein spätgotischer Flügelaltar. Dessen Mittelschrein zeigt die Dreifaltigkeit mit Maria und Johannes dem Täufer; die Kanzel kam erst deutlich später in das Gotteshaus.

Lösung 36: A – Das Meerkabarett zog 2007 vom Flughafen zum Gelände der Sylt Quelle in Rantum. Die Verbindung mit einer Mineralwasser-Abfüllhalle gab dem Veranstaltungsort einen ungewöhnlichen Charakter. Das Festival besteht seit 1994. Sein Programm umfasst Kabarett, Comedy und Konzerte. Der Standort liegt in der Hafenstraße. Zur Sylt Quelle gehören außerdem Kunstangebote der Stiftung kunst:raum syltquelle. Die Veranstaltungsreihe ist jedoch nicht dauerhaft an diese Räume gebunden: Während geplanter Umbauten fanden beispielsweise 2025 sämtliche Vorstellungen in Westerland statt.

Lösung 37: C – An der Hörnum-Odde wirken alltäglicher Sandtransport und zeitweise besonders starke Sturmfluten zusammen. Die Landzunge besteht aus Dünen und Heideflächen und bildet Sylts Südende. Östlich liegt das Hörnumtief, eine tiefe Gezeitenrinne. Die unmittelbar benachbarten Wasserbereiche beeinflussen den Transport des lockeren Materials. Seit 1972 steht die Odde unter Naturschutz. Betreut wird das Gebiet von der Schutzstation Wattenmeer. Die fortlaufende Veränderung lässt sich an zurückweichenden Dünenkanten erkennen. Bei klarem Wetter sind von der Südspitze aus die Nachbarinseln Amrum und Föhr zu sehen.

Lösung 38: C – Die Kartoffelrose stammt aus Ostasien und gelangte als Zierpflanze nach Europa. Ihre Robustheit begünstigte auch ihre Ausbreitung auf Sylt. Sie verträgt Salz und Trockenheit und benötigt wenige Nährstoffe. Neben Ausläufern helfen Vögel bei der Verbreitung, indem sie Samen verschleppen. Auch schwimmfähige Samen ermöglichen neue Ansiedlungen. Runzelige Blätter erklären den Namen Rosa rugosa. Die großen Hagebutten sind flachkugelig. Um wertvolle Dünenvegetation freizuhalten, müssen Wurzeln ausgegraben oder Bestände wiederholt gemäht werden.

Lösung 39: B – Die rostrote Farbe entsteht durch Oxidation eisenhaltiger Bestandteile im Geschiebelehm. Das Material wurde während einer älteren Vereisung abgelagert und enthält unterschiedlich große Gesteine. Das Kliff liegt zwischen Wenningstedt und Kampen an der offenen Westküste. Seine Steilwand erreicht ungefähr 30 Meter Höhe. Unter den dort vorkommenden Gesteinen befinden sich Feuerstein und aus Skandinavien herangeführte Granite. Für die frühere Schifffahrt war die auffällige Küstenkante eine wichtige Orientierungshilfe. Die Brandung trägt weiterhin Material ab; Sandvorspülungen tragen zum Schutz des Küstenabschnitts bei.

Lösung 40: D – Die traditionellen Delfter Wandfliesen sind Fayencen, also mit einer weißen Zinnglasur versehene Tonkeramik. Sylter Seefahrer brachten solche Fliesen von ihren Reisen mit. Sie schmückten damit unter anderem den Pesel, die repräsentative gute Stube. Zu den Bildmotiven gehörten Schiffe. Die niederländische Fayenceherstellung begann im 16. Jahrhundert. In Delft wurde diese Keramik ab etwa 1600 hergestellt. Gegen Ende des 17. Jahrhunderts war die Stadt zu einem besonders bekannten Produktionszentrum geworden.

Lösung 41: B – 1855 begann in Westerland der organisierte Seebadebetrieb und veränderte die wirtschaftliche Entwicklung des Dorfes. In der ersten Saison wurden 98 Gäste gezählt. Badekarten berechtigten zur Nutzung der Einrichtungen am Strand. 1858 eröffnete mit der Dünenhalle ein frühes Hotel. Die Gästezahlen nahmen in den folgenden Jahrzehnten stark zu. Keitum war zuvor der bedeutendste Inselort gewesen. Westerlands Strandnähe und seine spätere Rolle als Verkehrsknoten unterstützten den Aufstieg zum touristischen Zentrum.

Lösung 42: A – Kegelrobben besiedelten das Wattenmeer nach ihrem regionalen Verschwinden durch natürliche Zuwanderung erneut. Die Rückkehr setzte bereits im 20. Jahrhundert ein. Jungnamensand westlich von Amrum wurde wieder zu einem Platz für die Jungenaufzucht. Die Geburten beginnen hier im Spätherbst. Neugeborene besitzen zunächst ein weißes Fell. Für ihre ersten Lebenswochen benötigen sie ungestörte, hochwassersichere Liegeplätze. Erwachsene Tiere suchen ihre Nahrung überwiegend im Meer und können bei ihren Tauchgängen beträchtliche Tiefen erreichen.

Lösung 43: A – Am 7. Juli 1963 nahm eine Personenfähre der dänischen Lindinger Reederei die Verbindung auf. Später kamen Auto- und Personenfähren hinzu. Die Flensburger Förde-Reederei übernahm die Linie 1979. Lange wurde sie als Rømø-Sylt Linie bezeichnet; seit 2021 heißt das Unternehmen FRS Syltfähre. Die Route verbindet Havneby auf Rømø mit List auf Sylt. Rømø ist über eine Straße auf einem Damm mit dem Festland verbunden. Dadurch ermöglicht diese Seestrecke auch die Anreise mit dem Auto.

Lösung 44: C – Die Freikörperkultur prägte das Bild Sylts im 20. Jahrhundert entscheidend. Anfangs waren Damen- und Herrenbäder noch voneinander getrennt, und gebadet wurde in umfangreicher Badekleidung. Naturverbundene Lebensformen gewannen insbesondere im Umfeld von Kampen und Klappholttal Anhänger. Später entstanden ausgewiesene FKK-Abschnitte entlang des Weststrands. Zu ihren bekannten Namen gehören Samoa und Sansibar. Auch Sonnenbaden ohne Kleidung gehört zu dieser Freizeitkultur. Im Lauf der Zeit wurden die Übergänge zwischen textil genutzten und unbekleidet genutzten Strandbereichen vielerorts weniger streng.

Lösung 45: A – Die Tinnumer und Archsumer Wiesen liegen auf der Nössehalbinsel südlich von Keitum. Sie gehören zu den Feuchtwiesen zwischen Morsum und Westerland. Im Frühjahr und Herbst halten sich dort Grau- und Saatgänse sowie Ringel- und Nonnengänse auf. Während der Flut nutzen sie die binnendeichs gelegenen Wiesen zum Rasten. Das Gras liefert ihnen eiweißreiche Nahrung. In feuchten Senken brüten Kiebitze, Austernfischer und Uferschnepfen. Zeitweise lassen sich im Frühjahr auch balzende Kampfläufer beobachten. Damit ergänzt dieses Grünland die benachbarten, vom Meer beeinflussten Lebensräume.

Lösung 46: C – Nes Pük ist die Sylter Form des Nis Puk, eines überregional verbreiteten Hausgeistes. In der Überlieferung wohnt er auf Dachböden oder in Scheunen. Er achtet auf Haus, Hof und Tiere und erwartet einen guten Umgang mit Kindern und Haustieren. Zu Weihnachten erhält er eine Schüssel Grütze mit Butter. Bleibt die Gabe aus, kann er den Hof verlassen. Der in Keitum geborene Schriftsteller Boy Lornsen griff Puken in Kinderbüchern auf. Auch im Sylter Sagenwald wird diese Gestalt thematisiert. Die Erzählungen kennen jedoch unterschiedliche Ausprägungen ihres Wesens.

Lösung 47: D – Das Sylter Meersalz wird in einer Indoor-Saline aus Nordseewasser gewonnen und anschließend schonend getrocknet. Die Produktion liegt in List. Die Manufaktur verwendet auch die Bezeichnung „Fleur de Sylt“. Alexandro Pape steht hinter der Sylter GenussMacherei. Von der Gewinnung bis zur Abfüllung erfolgen die Arbeitsschritte auf der Insel. Das bei der Herstellung entstehende Nordseewasser-Kondensat wird zusammen mit Sylter Tiefenwasser zum Brauen von WATT-Bier genutzt. Zur GenussMacherei gehört außerdem eine Pastamanufaktur, die ihre Nudeln mit Sylter Meersalz herstellt.

Lösung 48: D – Ferdinand Avenarius machte sein Haus Uhlenkamp zu einem Ort künstlerischer Begegnungen. Das Gebäude entstand 1903. Avenarius war Herausgeber der Zeitschrift „Kunstwart“. Er hatte in Leipzig und Zürich studiert. Ein umlaufender Balkon ermöglichte ihm das Lesen und Schreiben im Freien. Zu seinen Besuchern gehörte der Maler Ernst Kreidolf. Avenarius setzte sich außerdem für die Bewahrung der Insellandschaft ein; in Kampen erinnern ein Park und eine Kunststele an ihn.

Lösung 49: B – Im Sölring sind Maskulinum und Femininum zum sogenannten Utrum zusammengefallen; daneben besteht das Neutrum. Die bestimmten Artikel lauten di und dit. Innerhalb des Nordfriesischen teilt das Sylterfriesische dieses System mit dem Helgoländer Dialekt. Sölring gehört zum inselnordfriesischen Zweig. Es weist deutliche jütische Einflüsse auf. Eine andere Besonderheit sind lange erhaltene Formen für genau zwei Personen. Bei dem Wort Fesk für Fisch zeigt sich außerdem eine andere Vokalentwicklung als beim Föhrer fask. Diese Unterschiede betreffen die Sprachstruktur und sind keine bloßen Aussprachevarianten des Hochdeutschen.

Lösung 50: C – Die Wattenmeerstation verbindet ökologische Zeitreihen, Arbeiten im Freiland und kontrollierte Experimente. Ihr Ursprung liegt in einem 1924 gegründeten Außenlabor zur Austernforschung. Anfangs gehörte es zur Biologischen Anstalt Helgoland; seit 1998 ist es Teil des Alfred-Wegener-Instituts. Der Standort in List ermöglicht kurze Wege ins Watt und auf die Nordsee. Thermokonstanträume und Durchflussaquarien erlauben Untersuchungen unter festgelegten Bedingungen. Auch Gastforschende und Studierende nutzen die Einrichtung. Zu ihren wichtigen Fragen gehört, wie Erwärmung und Meeresspiegelanstieg die Organismen sowie den Transport von Sedimenten verändern.

Lösung 51: D – Eine Doppelendfähre kann mit beiden Enden voraus fahren und benötigt vor dem Anleger kein Wendemanöver. Die SyltExpress wurde 2005 gebaut. Sie ist etwa 88 Meter lang und 16 Meter breit, ihr Tiefgang beträgt rund 3,7 Meter. Die Reederei nennt Platz für 599 Passagiere und 76 Fahrzeuge. Zur Ausstattung gehören Bordgastronomie, Panoramafenster, Freidecks und ein Fahrstuhl. Die Bauform erleichtert den Pendelbetrieb auf der vergleichsweise kurzen Strecke zwischen dem Sylter Hafen List und Havneby.

Lösung 52: B – Die Hüüf ist die charakteristische feste Kopfbedeckung der Sylter Frauentracht. Sie ist mit schwarzem Samt bezogen. An ihrem oberen Rand sitzen silberne, eiförmige Hohlkörper, die Döpken heißen. Vergoldete Münzen konnten den Wohlstand der Familie zeigen. Zur roten Frauentracht gehören eine weiße Bluse und rote Strümpfe. Das farbige Oberteil heißt Broket Kaartel. Erhaltene historische Stücke dienten als Vorbilder für Nachfertigungen; so wurde eine fast verschwundene Kleidungstradition auf der Insel wieder sichtbar.

Lösung 53: D – Christian Peter Hansen lebte im späteren Altfriesischen Haus, das heute auch an sein Wirken erinnert. Er wurde 1803 in Westerland geboren. Beruflich arbeitete er als Lehrer in Keitum. Er sammelte Sylter Sagen und historische Überlieferungen. Mit Theodor Storm stand er über solche Stoffe im Briefwechsel. Hansen fertigte außerdem Zeichnungen seiner Heimatinsel an. Er starb 1879 in Keitum; seit 1960 wird ein nach ihm benannter Preis für die Bewahrung Sylter Kultur vergeben.

Lösung 54: A – Die Sylt Quelle erschließt ein unterirdisches Mineralwasservorkommen im Inselsüden. Sein natürlicher Jodgehalt gehört zu den charakteristischen Eigenschaften. Die Marke besteht seit 1993. Die Brunnen liegen in einer Dünenlandschaft, und die Fördertechnik ist unterirdisch verlegt. Abgefüllt wird in Rantum. Das Unternehmen verwendet Glas-Mehrwegflaschen. Im Quellenhaus lässt sich das Wasser auch selbst zapfen. Der Standort in der Hafenstraße verbindet die Mineralwasserproduktion mit weiteren Nutzungen; dort sind unter anderem Gastronomie und Kunstangebote angesiedelt.

Lösung 55: D – Der Windsurf World Cup wird vor dem Brandenburger Strand in Westerland ausgetragen. Die Promenade dient zugleich als Zuschauerbereich und Veranstaltungsmeile. Auf dem Wasser gehören Wellenreiten mit dem Segel, Freestyle-Manöver und schnelle Rennen zur Vielfalt des Wettkampfs. Der Wettbewerb ist Teil der internationalen PWA-Tour. Sein traditioneller Termin liegt im Herbst. Landseitig ergänzen Gastronomie und Musik das Sportprogramm. Westerlands Strand ist außerdem Schauplatz weiterer Surfveranstaltungen, sodass sich dort im Jahresverlauf unterschiedliche Disziplinen des Brettsports beobachten lassen.

Lösung 56: B – Das Aquarium in Westerland zeigt Nordsee und Tropen in getrennten Bereichen mit Panoramatunneln. Es wurde 2004 eröffnet und liegt nahe dem Dünengürtel. Meerwasser wird unmittelbar aus der Nordsee herangeführt und gefiltert. Insgesamt gehören 25 Schaubecken zur Anlage. Im Nordseebereich sind unter anderem Dorsch, Steinbutt und Katzenhai zu sehen. Nachgebildete Hafenstrukturen ergänzen die Beckengestaltung. Zu den tropischen Bewohnern gehören beispielsweise Clownsfische und Zebrahaie. Die räumliche Trennung ermöglicht es, Tiere mit unterschiedlichen Ansprüchen an ihren Lebensraum zu präsentieren.

Lösung 57: D – Die Vogelkoje diente dem Fang wildlebender Enten. Ein Teich und daran anschließende Fangarme bildeten das Zentrum der Anlage. Bäume schufen einen geschützten, für rastende Vögel attraktiven Bereich. Die Koje wurde 1767 eingerichtet und liegt an Kampens Wattseite. Seit 1935 ist das Gelände Naturschutzgebiet. Heute führt ein Naturpfad durch das Wäldchen und bis zum Deich. In den Ausstellungshäusern werden Natur und Kulturgeschichte getrennt erläutert. Die Sölring Foriining betreut die Anlage und vermittelt auch die historische Fangtechnik.

Lösung 58: B – Im April 1986 setzte Dittmeyer's Austern-Compagnie zunächst 150.000 aus Irland importierte Jungtiere auf Tischen im Watt aus. Gründer war Clemens Dittmeyer. Für die Standortwahl war der Fischereibiologe Thomas Neudecker entscheidend. Die Blidselbucht bot sandigen Untergrund und ausreichende Strömung. Gezüchtet wird die Pazifische Felsenauster. Bei der klassischen Tischkultur wachsen die Tiere in Netztaschen, den Poches. Später ergänzte das Unternehmen seine Aufzucht durch gesammelte wilde Austern und eigene Systeme zur Betreuung kleiner Setzlinge.

Lösung 59: A – Das Lied bekräftigt die Bindung an Sylt, seine Sprache und Lebensart, auch wenn Menschen anderswo leben. Es entstand 1909. Den Text schrieb Christian Peter Christiansen, die Melodie stammt von Thomas Hübbe. Als erste Aufführung wird eine Zusammenkunft in Husum genannt. Breitere Bekanntheit auf Sylt erlangte das Stück besonders durch den Friesischunterricht seit den 1970er Jahren. Es wird bei gemeinschaftlichen Anlässen und an der Biike gesungen. Der Text steht in Sölring und gehört damit zur ausgeprägten literarischen Tradition der Inselmundart.

Lösung 60: B – 2017 wurden bei Morsum weitere Teile eines Silberhorts gefunden, nachdem eine zuvor entdeckte Ringfibel die Suche ausgelöst hatte. Der gesamte bekannte Fund umfasst rund 180 Teile mit etwa einem Kilogramm Gesamtgewicht. Neben Schmuck gehören Münzen und Barren dazu. Die silberne Ringfibel diente als Gewandschließe und wird in das 10. Jahrhundert datiert. Ihre drei Knöpfe tragen tierähnliche Verzierungen. Das Stück war bereits Anfang der 1960er Jahre auf einem Feld entdeckt worden, gelangte aber erst 2015 zum Archäologischen Landesamt.

Lösung 61: C – Beim Entkusseln werden aufkommende Gehölze aus der Heide entfernt. In Morsum gehören junge Birken und Kiefern zu den betreffenden Pflanzen. Ohne Pflege können offene Heideflächen verbuschen. Langfristig kann daraus Wald entstehen. Die typische Heidevegetation benötigt dagegen viel Licht. Die Naturschutzgemeinschaft Sylt organisiert dafür auch gemeinsame Arbeitseinsätze. Ergänzend werden andere Pflegemethoden wie Mahd, Beweidung oder Plaggen eingesetzt; dabei richten sich Art und Umfang der Eingriffe nach dem Zustand der jeweiligen Fläche.

Lösung 62: A – Die Buhne 16 zählt zu den frühen Sylter Treffpunkten der Surfszene. Bereits in den 1960er- und 1970er-Jahren zog der Strand prominente Gäste an. Das Bistro liegt in Kampen und ist über einen Holzsteg erreichbar. Es entwickelte sich als Familienbetrieb weiter. Zur einfachen Strandküche gehörte Milchreis; auch Matjes und Currywurst gehören zum Angebot. Live-Musik und Sommerveranstaltungen ergänzen das Strandleben. Der Ort verbindet deshalb Sport, Gastronomie und geselliges Zusammensein am Meer.

Lösung 63: A – In den Jahren 1988 und 2002 brach die Seehundstaupe im Wattenmeer aus und verursachte schwere Bestandsverluste. Auslöser war jeweils ein Virus. Die Tiere können sich an gemeinsam genutzten Liegeplätzen anstecken. Der Seehundbestand hatte sich zuvor über längere Zeit erholt. Nach beiden Epidemien nahm die Zahl der Tiere wieder zu. Gesundheitskontrollen ergänzen deshalb die Bestandszählungen. Im Winter 2014/15 verursachte ein anderes Virus, ein Influenzavirus, erneut ein regional bedeutendes Seehundsterben.

Lösung 64: D – Der Syltdome ist das 360-Grad-Kino im Erlebniszentrum Naturgewalten. Aufnahmen zeigen beispielsweise Schweinswale, Seehunde, das Watt und Schafe des Listlandes. Auch Flüge über die Dünenlandschaft gehören zu den Perspektiven. Das Zentrum liegt an der Hafenstraße in List. Seine Ausstellung behandelt Wetter, Küstenlebensräume und Inselgeschichte. Ein virtueller Heißluftballon ermöglicht einen weiteren Blick über Sylt. Zum Bildungsangebot gehören naturkundliche Führungen und ein Wattlabor. Neben den Inselaufnahmen werden im Kuppelkino auch andere Fulldome-Programme angeboten.

Lösung 65: A – Das Quermarkenfeuer Rotes Kliff wurde 1975 stillgelegt. Der Turm steht nordwestlich von Kampen am Nordende des Roten Kliffs. Er wurde zwischen 1912 und 1913 gebaut und besitzt einen achteckigen Grundriss. Sein Baukörper besteht aus Beton mit einer Klinkerverkleidung. Früher ergänzte das Feuer den größeren Kampener Leuchtturm. Heute lässt sich das Bauwerk von außen besichtigen. Die Lage auf der Westseite unterscheidet es vom schwarzweißen Hauptleuchtturm südlich des Dorfes.

Lösung 66: D – Die Rückholunterstützung erleichtert das Aufrichten des zurückgelehnten Oberkorbs. Beim Westküstenmodell der Rantumer Manufaktur erfolgt die Einstellung über ein klassisches Lochraster; es lässt sich bis 45 Grad neigen. Der Horizontalstrandkorb desselben Herstellers reicht bis 90 Grad. Beide besitzen Edelstahlbeschläge und hochstellbare Fußstützen. Die Werkstatt befindet sich in der Hafenstraße in Rantum. Dort werden die Holzarbeiten, das Flechten, die Schneiderarbeiten, die Polsterung und die Montage ausgeführt. Unterschiedliche Größen sowie Stoffe und Geflechte erlauben individuelle Ausführungen.

Lösung 67: D – Die Austern werden zur Überwinterung in Meerwasserquartiere an Land gebracht. So schützt die Zucht die Tiere vor Eisgang und Frost. Im ersten Betriebswinter dienten dafür Kinderschwimmbecken in einem Gewächshaus. Dieses Provisorium stand auf dem Gelände der damaligen Biologischen Anstalt Helgoland in List. Es besaß einen Seewasseranschluss zum Hafen. 1987 entstanden feste Meerwasserbecken mit insgesamt 300 Kubikmetern Volumen. Luftumwälzpumpen und eine direkte Seewasserleitung ergänzten die Anlage. Im Frühjahr kehren die Tiere wieder ins Watt zurück.

Lösung 68: C – Viele alte Friesenhäuser auf Sylt stehen mit ihrer Längsachse in Ost-West-Richtung. Der Wirtschaftsteil fing an der Westseite einen Teil der Witterung ab, während im Osten gewohnt wurde. Die niedrigen Gebäude gehören zum Typ des uthlandfriesischen Hauses, einer Sonderform des Geesthardenhauses. Typisch sind das Reetdach und ein spitzer Zwerchgiebel über dem Eingang. Wohn- und Wirtschaftsräume lagen unter einem Dach. In Keitum sind zahlreiche historische Beispiele erhalten. Das Altfriesische Haus vermittelt mit seiner historischen Einrichtung einen Eindruck vom früheren Inselalltag.

Lösung 69: D – Die vier Sölring Museen verbinden Kulturgeschichte, Wohnkultur, Archäologie und historische Landschaftsnutzung. Sylt Museum und Altfriesisches Haus liegen in Keitum. Das Denghoog befindet sich in Wenningstedt, die Vogelkoje in Kampen. Der Trägerverein entstand 1905/06 zur Bewahrung Sylter Identität. Er kümmert sich außerdem um die Inselsprache Sölring. Trachten, Tanz und Weihnachtsbrauchtum gehören ebenfalls zu seinen Aufgaben. Hinzu kommen Landschaftspflege und Küstenschutz. Seine Arbeit reicht damit deutlich über den Betrieb von Ausstellungen hinaus.

Lösung 70: B – Siegward Sprotte begann 1951 mit den Kampener Ateliergesprächen und führte sie rund fünfzig Jahre lang fort. Der Künstler wurde 1913 in Potsdam geboren. Er studierte unter anderem bei Emil Orlik. Karl Hagemeister gehörte zu seinen künstlerischen Lehrern. Neben der Malerei beschäftigte ihn das Verhältnis von Bild und Sprache. Studienreisen führten ihn wiederholt nach Südeuropa. Er starb 2004 in Kampen; seine Arbeiten umfassen unter anderem Aquarelle, Gouachen, Zeichnungen und Ölgemälde.

Lösung 71: B – Das Harhoog wurde 1954 an seinen heutigen Standort versetzt, weil sein ursprüngliches Gelände für die Flughafenerweiterung benötigt wurde. Es war 1925 bei Sandabbau entdeckt worden. Eine wissenschaftliche Untersuchung folgte 1936. Die Anlage gehört zur jungsteinzeitlichen Trichterbecherkultur. Ihre Entstehung wird ungefähr um 3000 vor Christus angesetzt. Der rechteckige Dolmen liegt innerhalb einer langgestreckten Steineinfassung. In seiner unmittelbaren Nachbarschaft befindet sich der Tipkenhoog, ein gesondertes vorgeschichtliches Denkmal.

Lösung 72: C – Erst seit dem späten 19. Jahrhundert ist der Petritag fest an den 22. Februar gebunden. Zuvor konnten Termine verschoben werden. Für Kinder und Erwachsene gab es vielerorts getrennte Petritage; Westerland und Keitum bildeten dabei Ausnahmen. Der Kindertermin musste im Februar und außerhalb der Fastenzeit liegen. Heute prägen Kindertanz und friesisches Theater den Festtag mit. Auf Sylt gehört der Petritag-Taler als Geldgeschenk dazu. Eine 1809 erschienene sylterfriesische Komödie spielt ebenfalls an einem Petritag.

Lösung 73: C – Intensive Befischung entzog den Austernbänken besonders große, fruchtbare Tiere und wichtiges Ansiedlungsmaterial. Die Europäische Auster ist eine heimische Art mit rundlicher bis eiförmiger Schale. Ihre obere Schalenhälfte schließt wie ein flacher Deckel. Junge Austern leben zunächst als freischwimmende Larven, bevor sie sich bevorzugt auf Austernschalen festsetzen. Die Tiere ernähren sich von Plankton und organischen Schwebteilchen. Austernbänke bieten zahlreichen anderen Arten Nahrung und Schutz. In der späteren Sylter Kultur wird die Pazifische Auster verwendet. Extreme Winter, Krankheiten und Sedimentüberlagerungen belasteten die geschwächten natürlichen Bestände zusätzlich.

Lösung 74: A – Für die Aufbereitung werden gefilterte Luft und Juraperle aus Calciumcarbonat eingesetzt. Das zentrale Wasserwerk steht in Westerland und dient auch der Speicherung. Das Rohwasser kommt aus Brunnen auf der Insel. Es stammt aus einer Süßwasserlinse im Geestkern, die durch Niederschläge erneuert wird. Bei der Passage durch Erdschichten nimmt Wasser unter anderem Calcium und Magnesium auf. An der Versorgung sind die Energieversorgung Sylt und die Ver- und Entsorgung Norddörfer beteiligt. Die Wasserqualität wird regelmäßig untersucht. Die Aufbereitung ist an die Beschaffenheit dieses örtlichen Rohwassers angepasst.

Lösung 75: D – Beim Sylter Hopfen folgt auf die erste Gärung eine weitere in der Flasche mit einer speziellen Champagnerhefe. Das Projekt verbindet auf Sylt angebauten Hopfen mit der Brauarbeit in Flensburg. Braumeister Thomas Kipka entwickelte das Bier zusammen mit Jens Boysen. Nach der Flaschenreifung werden die Flaschen von Hand gerüttelt. Dadurch sammelt sich Hefe im Hals. Beim Degorgieren entfernt man diesen Bodensatz, anschließend wird die Flasche verkorkt. Die Reifung und Nachbehandlung machen die Herstellung besonders arbeitsaufwendig.

Lösung 76: D – Der Erlebnispfad erklärt die Tier- und Pflanzenwelt am Wenningstedter Dorfteich. Fünf Infotafeln verteilen sich um das Gewässer. Die Naturschutzgemeinschaft Sylt entwickelte die Inhalte. Behandelt werden beispielsweise Enten, die Herkunft der Gänse und die Voraussetzungen einer Blühwiese. Über QR-Codes lassen sich Vogelrufe anhören und zuordnen; drehbare Elemente ergänzen das Lesen. Der Teich liegt bei der Friesenkapelle. Ein Steg führt auf ein Podest, von dem aus sich Vögel auf den kleinen Inseln beobachten lassen. Die Anlage soll weiterhin ein ruhiger Aufenthaltsort für Menschen und Tiere bleiben.

Lösung 77: B – Uthörn ist eine unbewohnte Insel, die geschützten Meeresvögeln Brut- und Rastplätze bietet. Sie liegt im Königshafen nördlich von List und südlich des Ellenbogens. Die Insel entwickelte sich aus einer Sandbank und trägt niedrige Dünen mit Pioniervegetation, darunter Strandhafer. Sie gehört zum Nationalpark Schleswig-Holsteinisches Wattenmeer. Auch Meeressäuger nutzen Uthörn als Liegeplatz. Von den umliegenden Wattflächen sammeln Vögel Nahrung; höher liegende Sandflächen dienen bei steigender Flut als Ruheplätze. Die störungsarme Insel ergänzt damit die Nahrungsgebiete in ihrer unmittelbaren Umgebung.

Lösung 78: A – Die Klöntür ist waagerecht geteilt: Oben kann sie geöffnet sein, während die untere Hälfte geschlossen bleibt. Solche Türen sind an vielen alten Sylter Friesenhäusern erhalten. Weitere Namen sind Schnacktür und Plaudertür. Die geschlossene Unterhälfte bildet eine Barriere für Tiere. Gleichzeitig lässt die geöffnete Oberhälfte Luft und Tageslicht herein. Die Bauform ist auch auf Föhr, Amrum und in Dänemark verbreitet. Sylter Tischlereien fertigen weiterhin neue Klöntüren; moderne Ausführungen verbinden die traditionelle Form mit zeitgemäßen Beschlägen und Wärmeschutz.

Lösung 79: A – Die Arche Wattenmeer befindet sich in der ehemaligen katholischen Kirche St. Josef. Das Nationalparkhaus wurde 2013 eröffnet und wird von der Schutzstation Wattenmeer betrieben. Im früheren Kirchenschiff steht eine begehbare hölzerne Arche. Die familienfreundliche Ausstellung verteilt sich auf zwei Etagen. Aquarien zeigen lebende Bewohner der Nordsee. Am Binokular lassen sich kleine Wattorganismen genauer betrachten. Zum Bildungsangebot gehören außerdem Aquarientierfütterungen und naturkundliche Führungen. Die Adresse lautet Rantumer Straße 33 in Hörnum.

Lösung 80: C – Der Denghoog ist ein jungsteinzeitliches Gemeinschaftsgrab mit einer begehbaren Kammer unter einem Erdhügel. Errichtet wurde die Anlage etwa zwischen 3200 und 2800 vor Christus. Sie gehört in den Zusammenhang der Trichterbecherkultur. Ein ungefähr sechs Meter langer Gang erschließt die Kammer. Einzelne Großsteine wiegen bis zu 18 Tonnen. Das Grab liegt nahe der Friesenkapelle in Wenningstedt. Die Sölring Foriining erwarb es 1928 und betreut es als Museum. Ergänzende archäologische Informationen bietet das Sylt Museum in Keitum.

Lösung 81: A – Gletschereis stauchte am Morsum-Kliff ältere Sedimente und stellte sie schräg. Die heutige Steilküste legt diesen verformten Untergrund frei. Zu den sichtbaren Schichten gehören dunkler Glimmerton, brauner Limonitsandstein und heller Kaolinsand. Sie entstanden lange vor den Gletschern, teilweise in einem Meer, teilweise durch Flussablagerungen. Das Kliff liegt an Sylts östlicher Wattküste und erstreckt sich über knapp zwei Kilometer. Es steht seit 1923 unter Naturschutz. Führungen der Naturschutzgemeinschaft erläutern sowohl die Erdgeschichte als auch die dortigen Lebensräume.

Lösung 82: D – Beim Maskenlaufen werden Lieder und Sprüche an den Haustüren vorgetragen. Dieser Heischebrauch gehört zur gleichen Brauchfamilie wie das Rummelpottlaufen. Kinder erhalten häufig Süßigkeiten oder Münzen, Erwachsene mitunter einen Schnaps. Zur Verkleidung kommen oft Lärminstrumente hinzu. Viele überlieferte Verse sind plattdeutsch; daneben entstehen neue Texte. Der Künstler Willem Grimm beschäftigte sich in seiner Grafik mit Maskierung und Rummelpottlaufen. Das Sylt Museum widmete diesem Brauch eine eigene Ausstellung mit historischen Zeugnissen und künstlerischen Arbeiten.

Lösung 83: A – Eine Fensterfront verbindet den Laden optisch mit dem Produktionsbereich. Die Sylter Schokoladenmanufaktur ist seit 2006 im Tinnumer Gewerbegebiet ansässig. Dort entstehen Schokoladentafeln und Pralinen. Zum Angebot gehören auch Trüffel und der Schokoladenaufstrich Syltella. Ein angeschlossenes Café bietet Kuchen und Torten. Das Stammhaus ist das Café Wien in Westerland. Die Schokoladenproduktion nahm ihren Anfang im kleinen Laden nahe diesem Stammhaus. So lässt sich beim Besuch ein konkretes Inselhandwerk kennenlernen, das über den Verkauf fertiger Süßwaren hinausgeht.

Lösung 84: C – An der Forscherbank lassen sich kleine Naturfunde unter Mikroskopen betrachten. Die neue Ausstellung wurde im Juli 2025 eröffnet. Ihre drei Grundbereiche behandeln Wattenmeer, Braderuper Heide und Morsum-Kliff. Auch Vogelzug und Meeresströmungen werden aufgegriffen. Das Gebäude erhielt unter anderem eine Photovoltaikanlage, neue Fenster und zusätzliche Dämmung. Die Ausstellung verzichtet auf das frühere Aquarium. Stattdessen setzen die Verantwortlichen auf anschauliche Exponate und Austausch mit den Gästen. Betreiberin ist die Naturschutzgemeinschaft Sylt, die auch Führungen in die umliegende Natur anbietet.

Lösung 85: A – Der Golf-Club Sylt liegt am Norderweg in Wenningstedt und bietet Ausblicke auf die Braderuper Heide, das Wattenmeer und den Kampener Leuchtturm. Zur Anlage gehören ein Platz mit 18 und einer mit neun Löchern. Die Bahnen sind sanft modelliert; mehr als 60 Grünbunker prägen das Spiel. Eine Driving Range ergänzt das Angebot. Sie wurde 2003 umgebaut, damit das Training typische Situationen auf dem Platz nachbildet. Zum Club gehören außerdem ein Clubhaus und eine Golfschule.

Lösung 86: D – Die Seefahrt, besonders der Walfang, ermöglichte wohlhabenden Kapitänen den Bau stattlicher Häuser in Keitum. Viele der erhaltenen Gebäude stammen aus dem 18. Jahrhundert. Sie besitzen häufig Reetdächer. Gepflegte Gärten umgeben zahlreiche dieser Wohnhäuser. Das Dorf liegt an Sylts geschützter Ostseite. Keitum war vor Westerlands touristischem Aufstieg der wichtigste Inselort. Historische Wohnräume vermitteln bis heute, wie sich internationale Kontakte und der Wohlstand einzelner Seefahrer auf den Alltag ihrer Familien auswirkten.

Lösung 87: A – Die Akademie am Meer ist eine Heimvolkshochschule: Lernen und gemeinsames Wohnen gehören hier zusammen. Das Gelände liegt zwischen Dünen unmittelbar am Nordseestrand. Kleine Häuser, Seminar- und Gemeinschaftsräume verteilen sich über etwa sieben Hektar. Es gibt eine Bibliothek und einen großen Speisesaal. Zur Einrichtung gehört auch ein Schullandheim. Das Programm umfasst beispielsweise Musik, Literatur, Fotografie und Naturkunde. In der Sommerakademie können Teilnehmende aus verschiedenen Angeboten wählen und ihren Tagesablauf selbst gestalten. Die Akademie ist staatlich anerkannt und für unterschiedliche Altersgruppen geöffnet.

Lösung 88: A – Der Radweg nutzt die Trasse der früheren Inselbahn. Nördlich von Hörnum beginnt die beschriebene Route nahe den Tiroler Stuben und verläuft parallel zur Straße. Große Abschnitte besitzen einen Schotterbelag. Der Weg führt durch die Dünen und bietet stellenweise Blicke auf das Wattenmeer. In Rantum lässt sich die Fahrt zum Hafen fortsetzen. Eine größere Rundtour schließt den Deich des Rantumbeckens und die Tinnumer Wiesen ein. Die ehemalige Verkehrsverbindung erschließt damit heute sehr unterschiedliche Landschaftseindrücke für Radfahrende.

Lösung 89: C – Die Gewässer westlich von Sylt und Amrum dienen Schweinswalen als Nahrungs-, Geburts- und Aufzuchtgebiet. Im Sommer nutzen mehrere Tausend Tiere diesen Bereich. Der hohe Anteil von Mutter-Kalb-Paaren war ein wesentlicher Anlass für die Einrichtung des Walschutzgebietes 1999. Es gehört zum Nationalpark Schleswig-Holsteinisches Wattenmeer. Die Geburten beginnen dort etwa Ende Mai. Auch Meeresvögel profitieren von der Schutzzone. Entlang des Sylter Walpfades informieren interaktive Stationen über die Tiere und ihren Lebensraum. Schweinswale lassen sich bei ruhiger See sogar vom Weststrand beobachten.

Lösung 90: B – Das Listland vereint trockene Dünen und Heide mit den salzbeeinflussten Lebensräumen an der Wattseite. Es bildet den nördlichen Landschaftsraum Sylts. Im Gebiet liegen auch natürliche Wanderdünen. Der Ellenbogen umfasst die Bucht Königshafen, in der sich die kleine Insel Uthörn befindet. Große Teile des Listlands haben eine lange Tradition als gemeinschaftlich verwalteter Privatbesitz. Die Eigentümergemeinschaft geht auf den Osthof und den Westhof zurück. List liegt am südlichen Ufer des Königshafens. Die Gegensätze zwischen offener Westküste und geschützter Bucht sind hier besonders anschaulich.

Lösung 91: A – Die Tinnumburg ist als ringförmige Wallanlage erhalten. Ihre Form hebt sich deutlich aus den flachen Tinnumer Wiesen hervor. Der Durchmesser beträgt ungefähr 120 Meter, die Höhe wird mit bis zu acht Metern angegeben. Keramikfunde belegen eine Nutzung, deren Anfänge rund 2000 Jahre zurückreichen. Die erhaltene Gestalt ist das Ergebnis mehrerer Nutzungsphasen. Archäologische Untersuchungen fanden unter anderem 1870, 1948 und 1976 statt. Die Anlage ist zu Fuß und mit dem Fahrrad erreichbar. Die benachbarte Archsumburg blieb als sichtbares Erdwerk nicht erhalten.

Lösung 92: D – Die Halterungen verhindern direkten Bodenkontakt der historischen Steine und vermindern Feuchtigkeitsschäden. Entwickelt wurden sie vom Metallschmied Lasse Nissen aus Ockholm. Der Förderkreis St. Severin unterstützt die Restaurierung. Im Oktober 2020 arbeitete die Restauratorin Stephanie Silligmann mit ihrem Team an besonders wertvollen Steinen. Auch Inschriften wurden wieder lesbar gemacht. Die Denkmale berichten von Sylter Seefahrerfamilien und erinnern teilweise an Menschen, die auf See starben. Ein Weg der historischen Steine erschließt dieses Gedächtnis des Keitumer Friedhofs.

Lösung 93: C – 2004 erhielt der Söl'ring Hof in Rantum unter Johannes King seinen zweiten Michelin-Stern. King stammt aus dem Raum Rottweil. Seine Ausbildung absolvierte er im dortigen Johanniterbad. Spätere Stationen führten ihn über Köln und Wien nach Berlin. Im Berliner Grand Slam wurde er 1989 Küchenchef. Zur Jahrtausendwende wechselte er nach Sylt. Zu seiner kulinarischen Arbeit gehört der Gedanke, regionale Produkte nach ihrer Saison einzusetzen; später kam ein eigener Genuss-Shop in Keitum hinzu.

Lösung 94: D – Die Musikmuschel steht auf der Westerländer Promenade unmittelbar am Hauptstrand. Dort bilden Strand und Nordsee die Kulisse der Veranstaltungen. Konzerte gehören ebenso zum Programm wie Tanzabende. Auch Gottesdienste werden im Freien gefeiert. Unter den auftretenden Gruppen finden sich der Sylter Shanty Chor und die Band The Memories. Im Sommer wird die Bühne besonders häufig genutzt. Der Zugang ist barrierefrei gestaltet. Die Musikmuschel verbindet damit die Tradition der Unterhaltung am Seebad mit einem öffentlich zugänglichen Treffpunkt direkt an der Küste.

Lösung 95: A – Künstliche Inseln ergänzen im Rantumbecken die Brutplätze für Küstenvögel. Zu ihren Nutzern gehören Säbelschnäbler und Seeschwalben. Das Schutzgebiet liegt östlich von Rantum und südlich von Tinnum. Offene Wasserflächen wechseln mit Röhricht und weiteren Feuchtlebensräumen. Der Verein Jordsand betreut das Gebiet. Ein Rundweg führt auf den Deichen um das Becken. Brutplätze und Rastflächen werden beobachtet und gepflegt; auch das Offenhalten geeigneter Flächen gehört zu den Maßnahmen für den Vogelschutz.

Lösung 96: B – Die Lister Wanderdünen wandern unter dem Einfluss der vorherrschenden Westwinde in Richtung Osten. Dabei wird Sand an der windzugewandten Seite aufgenommen. Hinter dem Kamm lagert sich das Material wieder ab. Die größten Sandberge erreichen rund 30 Meter Höhe. In besonders bewegungsreichen Jahren können bis zu zehn Meter Weg zusammenkommen. Das Wanderdünengebiet steht seit 1923 unter Naturschutz. Von der Aussichtsdüne am Ortsrand lassen sich die Sandlandschaft und der Königshafen überblicken.

Lösung 97: C – Die feste Verbindung dient dem Eisenbahnverkehr; Autos fahren auf Transportwagen mit. Die Verladestationen liegen in Niebüll auf dem Festland und in Westerland auf Sylt. Der Damm wurde 1927 eröffnet. Auf derselben Inselverbindung verkehren auch reguläre Personenzüge. Die Bahnstrecke führt auf Sylt durch Morsum und Keitum nach Westerland. Der Autozug befördert neben Pkw auch verschiedene größere Fahrzeugtypen, etwa Wohnmobile. Eine weitere Möglichkeit der Fahrzeuganreise ist die Fähre zwischen Rømø und List. Eine durchgehende Straßenverbindung vom Festland besitzt Sylt nicht.

Lösung 98: D – Saugbaggerschiffe entnehmen Sand aus vorgesehenen Bereichen vor der Küste und transportieren ihn zum Einsatzort. Durch eine Rohrleitung gelangt das Sand-Wasser-Gemisch an den Strand. Das Wasser fließt ab, während Sand zurückbleibt. Planierraupen verteilen das Material. Dadurch entsteht ein Sandvorrat, der bei starkem Wellengang abgetragen werden kann und die dahinterliegende Küste entlastet. Auf Sylt begann dieses Verfahren 1972 vor Westerland. Neben Strandaufspülungen gibt es Ablagerungen im flachen Wasser vor dem Strand. Weil Strömungen Sand weitertransportieren, müssen solche Maßnahmen wiederholt werden.

Lösung 99: C – Die Braderuper Heide verbindet eine offene Heidelandschaft mit dem Weißen Kliff und den Lebensräumen am Wattenmeer. Das Schutzgebiet liegt zwischen Braderup und Kampen und umfasst knapp 140 Hektar. Besenheide, Glockenheide und Krähenbeere prägen die Vegetation. Auch Lungenenzian und Sonnentau gehören zur botanischen Vielfalt. Holzwege und Treppen erschließen ausgewählte Bereiche. Die Naturschutzgemeinschaft Sylt betreut das Gebiet. Das Nebeneinander trockener Höhen und feuchter Küstenbereiche schafft unterschiedliche Standortbedingungen auf engem Raum und erklärt einen Teil seines besonderen Naturwertes.

Lösung 100: B – List West wurde aus Gusseisen errichtet und bildet mit List Ost ein historisches Turmpaar. Beide stehen auf dem Ellenbogen. Die Türme wurden 1857 gebaut und 1858 in Betrieb genommen. List West besitzt einen weißen Anstrich. Sein östlicher Nachbar ist rot und weiß gestaltet. Der westliche Turm ist der nördlichste Leuchtturm Deutschlands. Er dient als Leit- und Orientierungsfeuer; die beiden Lister Türme sind für reguläre Besucherbesteigungen nicht geöffnet.

Fragen, Lob oder Kritik? Gerne per Mail:

Bei einer Kontaktaufnahme werden die von Ihnen mitgeteilten personenbezogenen Daten – insbesondere Ihr Name, Ihre E-Mail-Adresse sowie der Inhalt Ihrer Nachricht – ausschließlich zum Zwecke der Bearbeitung Ihrer Anfrage sowie für den Fall daran anschließender Fragen elektronisch gespeichert und verarbeitet. Eine Weitergabe dieser Daten an Dritte erfolgt nicht.

Alle Fragen, Antworten und Hintergrundinformationen in diesem Werk wurden mit Sorgfalt recherchiert und zusammengestellt. Trotz Prüfung können sachliche Fehler, Ungenauigkeiten oder zwischenzeitlich überholte Informationen nicht vollständig ausgeschlossen werden. Der Herausgeber übernimmt daher keine Haftung für die Richtigkeit, Vollständigkeit und Aktualität der bereitgestellten Inhalte. Etwaige Schadensersatzansprüche gegen den Herausgeber, die sich auf Schäden materieller oder ideeller Art beziehen, welche durch die Nutzung oder Nichtnutzung der dargebotenen Informationen verursacht wurden, sind grundsätzlich ausgeschlossen. Dieses Werk dient ausschließlich Unterhaltungs- und Bildungszwecken. Es erhebt keinen Anspruch auf wissenschaftliche oder fachliche Verbindlichkeit und ersetzt keine professionelle Beratung oder offizielle Quellen. Die Verwendung der Inhalte erfolgt auf eigene Verantwortung des Lesers. Grübelgold –Friedrich Schäfer - c/o Autorenglück #80064 - Albert-Einstein-Straße 47 - 02977 Hoyerswerda

Dieses Buch wurde in Übereinstimmung mit den GPSR-Richtlinien der EU zur Sicherheit von Produkten erstellt.

Die Verordnung über die allgemeine Produktsicherheit ist der aktualisierte Rahmen der Europäischen Union, um sicherzustellen, dass alle Verbraucherprodukte, einschließlich Bücher, für Verbraucher sicher sind.

Dieses Buch wurde von Libri Plureos GmbH gedruckt. Der Drucker hat Sicherheitszertifikate für die verwendeten Materialien wie Tinte, Papier und Kleber ausgestellt.

Die Produktkennung ist: 9783693190456

Der Autor ist für den Inhalt des Buches verantwortlich und hat das Buch von Bookmundo produzieren lassen.

Sollten Sie Fragen zur Sicherheit des Produkts haben, kontaktieren Sie uns bitte.

Bookmundo
Delftsestraat 33
3013AE Rotterdam
Die Niederlande
info@bookmundo.com